生きることは頼ること

「自己責任」から「弱い責任」へ

戸谷洋志

講談社現代新書
2751

はじめに

次のような場面を想像してほしい。

あなたは一人で幼い子どもを育てている。仕事と家事と育児をすべて一人で担っている。毎日、戦場のような忙しさのなかで生活を営んでいる。本当だったらもっと丁寧な生活をしたいと思っている。しかしそんな余裕はない。自分のことなど気を遣わず、睡眠時間を削りながら、休む暇なく動き続けている。

ある日、あなたは体調に異変を感じる。いや、異変などはずっと前から生じていたのかも知れない。それは放っておくと、看過できない事態を招くような予感がする。しかし、だからといって、簡単に自分の都合で休むわけにはいかない。家には、あなたの世話を待っている子どもがいて、あなたに洗濯されることを待っている衣服がある。そして家の外には、あなたの仕事を待っている同僚がいて、クライアントがいる。

あなたの生活は、そうした、自分では意のままにならないいくつもの大きな歯車に、完全に組み込まれている。そこには、絶望的なくらいに、余白も隙間もない。

このとき、あなたはどうするべきだろうか。おそらく二つの選択肢がある。

一つは、無理をして今の生活を続けることである。それによってあなたは、当面は、誰にも迷惑をかけないで済む。しかし、それが長く続くとは限らない。あなたが感じ取った体調の異変は、いつか取り返しのつかない病気となって姿を現すかも知れない。ある日、あなたの身体は突然動かなくなり、今までできていたことが、何もできなくなってしまうかも知れない。その結果、あなたはかえって職場に大きな迷惑をかけることになるかも知れない。あるいは、あなたの子どもの命を、危機にさらすことになるかも知れない。

もう一つの選択肢は、他者を頼ることである。仕事・家事・育児、それらを――部分的にであれ、全面的にであれ――思い切って誰かに代わってもらうことだ。もしも親戚を頼ることができたら幸運だ。会社がサポートしてくれることもあるだろう。しかしそれが難しいなら、社会保障を頼るしかない。それによって、あなたの生活はそれまでと違った形で営まれることになるだろう。しかし、結果的には、周囲にいる人々への迷惑を最小限に抑えることができるだろう。あなたが今の生活で引き受けている責任を、よりましな形で果たすことができるだろう。

責任を引き受けることは、他者を頼ることと矛盾しない。むしろ、自分のキャパシティを考えず、仕事を抱え込み過ぎてパンクすることこそ、無責任である。

筆者には、こうした考え方が不合理だとは決して思えない。しかし、私たちの社会には、それを認めない言説も存在する。それが、「自己責任論」だ。

自己責任論――それが何かは、本論のなかで詳しく検討しよう――のロジックに従うなら、自分の起こした問題は自分で解決するべきだ、ということになる。他者を頼ることは責任の放棄でしかない。自己責任論者は、右の例をめぐって、次のように主張するに違いない。

あなたが子どもをもったのは、あなたの責任であって、またあなたがその生活を選んだことも、あなたの責任だ。仕事・家事・育児を一人で担うことがどれだけ大変であるかを、あなたは事前に予測できたはずだ。そうであるにもかかわらず、あなたは自分の意志でその生活を開始した。そうである以上、あなたは誰も頼ることなく、自分でその生活をどうにかしなければならない。親戚や会社や社会保障を頼るなんて、迷惑な甘えでしかない。そんな甘えた人間はそもそも子どもをもつべきではない。

こうした主張を論駁《ろんばく》し、それに代わって、他者を頼ることをそのうちに含むような、もう一つの責任概念を理論化すること――それが、本書のテーマである。

自己責任論は一つの人間観を前提にしている。

それは、人間とはあくまでも自律的な存在であり、またそうあるべきである、という考え方だ。人間は、他者から影響を受けることなく、自分の意志で行為することができる。そうである以上、その行為の原因はその人にしかない。そして、そのようにして引き起こされた行為の責任を、人間は自分一人で果たすことができる。他者との関わりから隔絶され、たった一人で物事を選択し、行為し、生きる、「強い」主体としての人間――それが、自己責任論において前提とされる人間像だ。

本書は、このような人間観に基づく責任の概念を「強い責任」と呼ぶことにしよう。

たとえ強烈な自己責任論者でなかったとしても、責任について考えるとき、私たちの多くは、知らず知らずのうちに強い責任を前提にしているのではないだろうか。たしかに、こうした責任概念が私たちの社会の基礎を支えていることは事実だろう。しかし、前述の通り、それがかえって人間が責任を引き受けること、責任を果たすことを困難にすることもある。一人では果たすことができない責任を抱えたとき、強い責任は、むしろ責任を引き受けた人を壊してしまうことになりかねない。

強い責任が立脚する人間観は、近代ドイツの哲学者カントにまで遡ることができる。だからそれは近代的な人間観として理解することもできる。彼は、教育などを通じて人間の理性を開花させることを、「啓蒙」と呼んだ。啓蒙とは、「他人の指示を仰がなければ自分の理性を使うことができない」という「未成年の状態」を脱出することとして、定義される。[1]人間が一人前の存在になるためには、他者に判断を頼っていてはいけない。人間が責任の主体となるためには、他者からの手助けなしに、物事を選択し、行動できなければならない。カントはそう考えていたのだ。

しかし、こうした人間観は、二〇世紀以降、様々な角度から批判に晒《さら》されてきた。二度にわたる世界大戦では、人間が理性的に設計した支配体制によって、あるいは人間の理性の粋を結集して開発された兵器によって、途方もない規模の破滅が起きた。アドルノとホルクハイマーはそうした事態を野蛮と呼び、理性を偏重する近代的な人間観を批判した。また、いわゆるポストモダン思想の旗手として知られるフーコーは、人間が自らを理性的だと思うこと自体が、権力によって飼いならされ、支配され、規格化されたことの帰結である、と指摘した。暴力によって何かを強制しなくても、人々が自分の判断で――理性的に――権力に従ってくれるなら、その方が権力にとっては都合がいいからである。こうした歴史を踏まえるなら、近代的な人間観を手放しで肯定することはできないだろう。

もしも責任が、強い責任以外にはありえないのだとしたら、近代的な人間観へのこうした批判は、責任一般の否定、したがって無責任さの肯定へと行き着きうる。つまり、無責任であることこそが人間らしい生き方であり、そうであって構わない、という主張が、容易に認められてしまうのである。実際に、そう主張している論者も、少なくない。

しかし、そのような主張に陥らなければならない理由はない。なぜなら、強い責任だけが唯一の責任概念であるとは限らないからだ。強い責任と、無責任さの間に、もう一つ別の責任概念が介在するのだとしても、決して問題はないはずだ。

筆者の考えでは、それは人間を、強い責任において前提とされるような「強い」主体ではなく、「弱い」主体――すなわち、一人では生きることができず、他者を頼らなければならず、傷つきやすさを抱えた存在――として捉えるような、責任概念だ。本書はそうした責任概念を、「弱い責任」と呼ぶことにする。弱い責任は、近代的な人間観を前提にしない。だからこの責任概念は、近代的な人間観への一面的な依拠を批判しながら、同時に、人々が無責任へと陥る事態を回避することができる。ここに、弱い責任というアイデアの、概念的な長所がある。その可能性を探り、概念の構造を解明することが、本書の課題に他ならない。

弱い責任とはいったい何か。それは、実践的な場面において、強い責任とどのように異なり、そしてどのように関係するのだろうか。弱い責任が近代的な人間観に立脚しないのだとしたら、それは、どのような人間観に立脚する責任概念なのか。

本書はこうした問いを、ハンス・ヨナス、エヴァ・フェダー・キテイ、ジュディス・バトラーといった、現代における独創的な哲学者たちを手がかりに、考察していこう。

詳細な議論を始める前に、少しだけ、なぜ本書が弱い責任に注目するのか、その理由をもう少し説明しておきたい。

弱い責任は、他者を頼ることを肯定的に説明しうる。これに対して、強い責任に基づいて考えるなら、それはむしろ消極的に評価される。つまりそこでは、他者を頼ることが、本来あるべき人間の姿から逸脱したものとして、恥ずべきものとして扱われるのだ。

しかし、この世界には、他者を頼らなければ果たすことのできない責任が、間違いなく存在する。たとえば、筆者の考えでは、子どもを育てることはその筆頭に挙げられるだろう。そうであるとしたら、他者を頼ることを恥ずべき行為として評価する態度は、むしろ、人間が責任を果たす可能性を妨害することになるだろう。私たちには、自分の責任を全うするためにこそ、周囲を巻き込み、他者を頼らなければならないときもある。強い責任は、そうした行為を抑制するように働きかけるのだ。

それに対して、弱い責任が広く認められた社会では、このような抑制は生じないだろう。そのとき私たちは、他者を頼ることが当たり前だと見なされるような社会に生きるだろう。このことは、社会のあり方そのものに対しても、再考を迫るに違いない。なぜなら、他者を頼ることができるためには、それを可能にする準備が社会の側に用意されていなければならないからだ。言い換えるなら、社会保障が整備されていなければならないからだ。

ここにも、強い責任と弱い責任の、根本的な違いが示されている。

しばしば指摘されるように、自己責任論は「新自由主義」とともに日本社会に導入された言説である。新自由主義とは、市場に対する国家の介入を縮減しようとする思想であり、社会保障の削減を進める考え方である。他者を頼ることを消極的に評価する自己責任論は、そうであるからこそ、社会保障を受けることをも恥ずべき行為として位置づける。この点で、自己責任論と新自由主義は癒着しているのである。

しかしこうした発想は、理論的に問題があるだけでなく、私たちの社会にとっても有害である。少なくとも当面の間、日本社会は少子高齢社会を脱することができない。医療や介護をはじめとして、他者を頼らなければならない人々の人口比は、不可逆的に増大していくだろう。当然のことながら、それは労働人口の減少を招く。そうであるにもかかわらず、日本社会には歴然とした男女の雇用格差が存在し、女性管理職の割合は先進諸国と比較して明らかに低い。その背景にあるのは、妊娠・出産・育児に関する社会保障の手薄さに他ならない。

私たちの社会は、誰かを頼らなければならない人々によって担われている。それに対して、他者を頼ることを恥ずべき行為と見なし、その度に後ろめたい気持ちを抱かせるなら、私たちの社会はどんどん生き辛くなっていくだろう。強い責任が、たとえどれだけ人々から支持されているのだとしても、その概念だけを偏重することは、私たちにとって不健康なことだろう。これに対して、弱い責任は社会保障に対する私たちの態度を改善するに違いない。そしてそれは、私たちの社会に持続可能性を与える、新しい道徳的な指針になるに違いない。

私たちには、責任を果たすために、他者を頼らなければならないときがある。そしてそれは責任から逃れることではない。仕事・家事・育児を抱え込み、壊れそうになりながら日々を生き抜いている人は、その責任を果たすために、他者の手を借りるべきなのだ。それは恥ずかしいことではない。責任の主体として、誇り高く、胸を張って生きるべきである。そうした主張を可能にする責任概念が、弱い責任に他ならない。おそらくそれは、私たちがこの社会で自分らしく生きていくために、必要なアイデアなのである。

前置きが長くなった。そろそろ本論に入ろう。

責任をめぐる思索の旅へ、ようこそ。[2]

1　カント『永遠平和のために／啓蒙とは何か　他3編』中山元訳、光文社、二〇〇六年、一〇頁

2　本書で外国語の文献を参照する際、邦訳が存在する場合には、邦訳のページ数のみを記載する。ただし、必要に応じて筆者が新たに訳し直した箇所もある（特に断らない）。なお、引用における強調はすべて原文に基づくものである。

目次

第四章　傷つきやすさへの配慮　107

第五章 ケアの連帯

第一章　自己責任論の構造

本書は、「強い責任」とは異なる、もう一つの責任のあり方として、「弱い責任」という概念を提案する。両者の違いはさしあたり次のように説明できるだろう。

強い責任とは、自律性を偏重する近代的な人間観を前提とする、「強い」主体による責任を意味する。それに対して弱い責任は、人間が他者を頼らざるをえない「弱い」主体であることを前提とした、責任の概念である。

私たちの社会は、責任について語るとき、強い責任を過剰に重視している。しかし、強い責任は弱い責任によって補完されなければならず、そうでなければ社会は健全に機能しない。それが本書の基本的な立場である。

議論の出発点として最初に明らかにされなければならないことは、そもそも強い責任とは何か、ということだろう。このような観点から、本章では、強い責任の基本的な構造を、そのもっとも典型的な形態である「自己責任論」を手がかりにしながら、考察していこう。

自己責任論と新自由主義

「自己責任」という言葉は、明治時代にすでに用例が存在するほか、大正時代にはドイツ語の「Selbstverantwortlichkeit」の翻訳語として使用されていた。[1] しかし、今日におけるこの用語の意味を決定づけているのは、主として一九八〇年代以降に日本に流入してきた、「新自由主義」の影響である。

簡潔に説明するなら、新自由主義とは、経済に対する政府の介入を抑制し、市場を民間の自由な競争に委ねることで、経済発展を促そうという思想である。たとえば、公共サービスの民営化が、こうした思想に基づく政策として挙げられる。政府による社会保障を縮小すると、国民は若いうちから資産運用し、少しでも老後のための貯蓄を増やさなければならなくなる。結果として市場は活性化し、経済成長が促されていく。経済は望ましい状態を維持することができる。それが、新自由主義の発想である。

ただし、こうした施策を有効に機能させるためには、国民自身が、「国は自分を守ってくれないから、自分のことは自分でなんとかしないといけない」という価値観を共有していなければならない。そうした価値観を植え付ける道徳的指針が、自己責任論なのである。
かつて、イギリスの首相であったマーガレット・サッチャーは、一九八七年のインタビューで、次のように語っていた。象徴的な発言なので、少し長いが、そのまま引用しよう。

「私は問題を抱えている。そしてそれに対処するのは政府の仕事だ」、あるいは、「私は問題を抱えている。だからそれを解決するために補助金を貰いに行こう」、あるいは、「私はホームレスだ。政府は私に家を提供しなければならない」――こうした主張に、多くの子どもたちや大人たちが理解を示すことができた時代は、もう過ぎ去ったと思います。こうしたことを言う人々は、自らの問題を社会に投げかけています。しかし、そのときの社会とはいったい誰のことでしょうか。〔…〕社会などというものは存在しないのです。存在するのは、男性たち、女性たち、そして人々が織りなすタペストリーです。そのタペストリーの美しさ、私たちの人生の美しさは、私たちそれぞれにどれだけ自分自身への責任を引き受ける覚悟があるのか、またどれだけ自らの努力によって不幸な人々を助ける覚悟があるのかに、かかっているのです。[2]

サッチャーはここで、本来なら自分で努力できるにもかかわらず、努力を怠って政府に助けてもらおうとする態度を批判している。そうした態度を取る人は、自分が努力しなくても、「社会」が何とかしてくれる、と漠然と考えている。しかしその人は、その「社会」の実体が一人一人の具体的な人間であることを忘れている。そんな風に甘えた人間を助けてくれる人など、一人も存在しない。その意味において「社会などというものは存在しない」。だからこそ私たちは、「自分自身への責任」を引き受けるべきなのだ。そのように自己責任を引き受ける人生こそが、賞賛されるに値するのである。

一見すると、彼女は道徳的な生き方について語っているかのようである。しかし、その背後にあるのは、財政をめぐる政府の現実的な都合だろう。新自由主義は社会保障を縮小する。国民が怠けて政府を頼っていたら、政府の縮小された社会保障はすぐにパンクして、機能不全に陥る。社会保障は、本当に不幸な人々のために用いられるべきだ。自らの怠惰のせいで失敗した人間を、政府が助けるわけにはいかない。しかし、そうした人間をあからさまに政府が拒否すれば、人々は政府に対して反感を募らせるだろう。

反発を回避するためには、人々が自分から社会保障を頼らないようにする必要がある。つまり、自分の責任で生きることこそが人生の「美しさ」であり、社会保障を頼ることは醜悪で恥ずかしいことだと、人々が自分から思うように仕向けるべきなのだ。だからこそ彼女は、社会保障を頼らないことを、あたかも道徳であるかのように語っている。こうした仕方で、新自由主義は自己責任論を要請するのである。

日本における自己責任論の萌芽

言説としての自己責任論は欧米で発祥し、新自由主義とともに日本に輸入されてきた。その受容の過程を眺めてみよう。

一九八〇年代、日本でもすでに自己責任を原則とする自由な経済の重要性が意識されていた。たとえば一九八一年に発表された「行政改革に関する第一次答申」では次のように語られている。

新たな時代への移行に伴い行政の課題に大きな変化が生じている。この変化に行政が適切に対処していくためには、まず、自由で活力のある福祉社会の実現をめざして、国民生活と行政のかかわり方を抜本的に見直すことが必要である。援助を真に必要とする人びとには、暖かくまた十分な福祉サービスを提供し、同時に自立・自助の精神、自己責任の気風を妨げるような過剰な関与を厳に慎むという行政の新しい在り方が明確にされなければならない。[3]

政府がこのように自己責任を重視する背景にあるのは、日米貿易摩擦である。当時の日本は、政府によって規制された経済を自由な市場競争へと転換するよう、経済構造の改革をアメリカから迫られていた。その際、改革論者の依拠した概念が、自己責任論だった。人々には起業する自由がある。起業は失敗するリスクを伴う。しかし、失敗させないように政府が介入すれば、起業の自由が抑制される。それでは元も子もない。したがって、起業する自由を守るためには、たとえ人々が起業で失敗したとしても、政府はあえて救済する責任を負うべきではない。起業で失敗した責任は、人々が自分で取るべきである。そうした言説が徐々に浸透していったのだ。

ただし、八〇年代には「自己責任」という言葉はまだそれほど一般的ではなかったようだ。それが日常的な語彙として人口に膾炙《かいしゃ》するのは、九〇年代以降である。社会学者の種村剛によれば、特に一九九一年の新聞において「自己責任」という言葉は急増した。その契機となったのは、この年に大きな話題となった、証券会社の不祥事をめぐる問題である。

一九八九年、大和証券が大手の法人顧客を対象に、一〇〇億円もの損失補塡《ほてん》を行っていたことが明らかになった。当時の証券取引法では、事前の損失補塡は禁止されていたが、大和証券が行っていたのは事後の損失補塡であり、法の穴を突いた脱法行為と呼べるものだった。これに対して大蔵省は、同年一二月、事後損失補塡を「厳に慎む」べきであることを通達した。そうであるにもかかわらず、九一年に野村證券が大手顧客に対して一六〇億円もの損失補塡をしていることが発覚した。それを発端として、日興・山一・大和といった有力証券会社も、依然として同様の行為をしていることが明らかになった。

新聞各社は、この事件を経済の自己責任の原則に反する行為として批判した。その過程で、「自己責任」という言葉も、一般的に使用される語彙として普及することになったのだ。

注意するべきは、この出来事に際して、「自己責任」が社会保障とは無関係な文脈で使用されていることである。なぜ、証券会社による損失補塡が自己責任に反するのだろうか。それは、顧客の損失があくまでも顧客の責任であるからだ――さしあたり、そう説明することはできる。しかし、たとえ証券会社がその損失を補塡したとしても、それが誰かに迷惑をかけていることにはならないのではないか。

たとえば、社会保障が問題になるのであれば、自己責任で失敗した人を扶助するために税金が使われることは、他者が支払った税金を使用することになるから、他者に迷惑をかけることである――そうしたロジックは一応成り立つ。しかし、民間企業である証券会社が顧客の損失を補塡したところで、損害を被るのは証券会社だけである。会社が自らの意志でそうした対応を取っているなら、直接のステークホルダー以外、誰にも迷惑がかかっていないようにも思える。

これに対して種村は、この出来事が世間に大きな議論を巻き起こした要因の一つとして、ある種の不公平感を挙げている。[4] なぜなら証券会社は、すべての顧客に対して損失補塡をしていたのではなく、大口の顧客に対してだけ、そうした対応を取っていたからだ。つまり、「一部の金持ちだけが優遇されていて、私たちが同じような恩恵に与《あずか》れないのは、ずるい」という心理が、この出来事への世論の関心を動機づけていた、ということだ。

こうした嫉妬の背景には、バブルの崩壊によって、日本社会が長い経済低迷に陥ったことも、深く関係しているだろう。道徳的な美徳として自己責任論を内面化した人は、自分とは関係のない他者が誰かに助けられていることさえも、許容できなくなる。そのようにして、自己責任論は日本社会に定着していった。

自己責任論の定着

九〇年代半ば以降、行政・財政・社会保障・金融システムなどの各分野で、改革政策が推し進められていった。その過程で、自己責任の概念は経済原則としての役割を演じ続けた。

たとえば、一九九六年に経済団体連合会（現・日本経済団体連合会）が発表した提言

「財政民主主義の確立と納税に値する国家を目指して」では、規制緩和・撤廃を進めることで企業の国際競争力を高め、経済と社会を活性化させるために、「自己責任原則を徹底し、改革に向けた取り組みに積極的に協力し、国民が自らの税金の使途を主体的に決定する「財政民主主義」を実現しなければならない」と語られている。また、二〇〇二年に内閣府が発表した「平成14年度版　年次経済財政報告書」では、「自己責任原則の確立」という小題のもとで、次のように語られている。

> 経済システムを支えるのは最終的には個人である。市場型取引が基軸となる経済システムにおいては、その個人は自己責任原則のもとで行動することが求められる。それは、多様な選択肢が与えられるなかで、自由な選択が許されることを意味するが、同時に、その結果については自分自身が引き受けなければならないことを意味する。
>
> このような自己責任原則を貫けるためには、状況を把握し対応する能力が必要である。例えば、質の高い情報の流通が増加してくるが、それを十分に活かせるためには、様々な情報を収集して理解する能力が不可欠である。また、様々なリ

スクにさらされるなかで、そのリスクを適切に認識し、それを管理する能力が必要である。

技術が急速な進歩を示し、また労働力の流動化によって転職が通常のことになるなかで、それに積極的に対応できるためには、自己啓発が必要である。経済環境の変化や技術の進歩に併せて、経済社会が必要とする人的資本の形成に努めることによって、はじめて雇用機会を確保できることになる。このことは、経済全体として生産性を高める上で、必要不可欠なプロセスである。

このように自己責任原則は、個人が常に自らの能力を高めることによって裏打ちされなければならない。このことは、生涯を通じて自己研鑽《けんさん》を続けることを意味するが、このような自己研鑽によってこそ新たな可能性が切り開かれると考えるべきである。[6]

個人は経済システムを支えなければならない。そして自己責任を果たすためには、それに相応する能力を涵養《かんよう》する必要があり、国民は生涯にわたって「自己研鑽」しなければならない。

このように自己責任は、個人が引き受けるべき道徳的責任として、極めて具体的な義務として語られている。

こうした主張は、前述のサッチャーのそれと重なり合うものでありながらも、微妙に異なるトーンを滲《にじ》ませている。彼女は、たとえそれが単なる建前に過ぎなかったとしても、自己責任は人生の美しさとしての道徳的な価値を持つ、と考えていた。彼女が国民に自己責任を求めるのは、少なくとも表向きには、国民自身のよい人生のためである。それに対して、日本政府が国民に自己責任を要求している理由は、国民のためではなく、経済システムを成り立たせるためである。つまり国民は、経済システムを成立させるための手段として、自己責任を課せられるのである。

しかも、その場合の「経済システムを支える」ということが意味しているのは、絶え間なく変化する環境に適応すること、その上で経済を成長させ続けることである。この意味において、自己責任を引き受ける国民は、決して自由に生きることができるわけではなく、市場のニーズに人生を左右されることになる。

「自由には責任が伴う」という紋切り型の言葉がよく語られるが、自己責任論に関する限り、それは間違っている。自己責任論が私たちに要求するのは、あくまでもシステムへの服従であって、そこに服従しない自由は存在しないのである。

イラク戦争時における自己責任論

二〇〇〇年代に入ると、自己責任論に対する批判的な論調も目立ってくるようになる。そうした風潮を決定づけたのは、二〇〇四年四月に発生した、イラク日本人人質事件であろう。

これは、イラクに渡航して活動していた日本人三人が、現地の武装組織に誘拐された事件である。当時のイラクは、前年に起きたイラク戦争によって治安が著しく悪化しており、日本政府は渡航自粛勧告を発表していた。三人はこの勧告を無視して現地へ入国していた。

三人を誘拐した武装勢力は、イラクに駐屯している自衛隊の撤退を要求し、さもなければ三人を処刑すると声明した。当時の首相であった小泉純一郎は、この要求を退けた。結局、イラク・イスラム聖職者協会の仲介によって、三人は全員解放され、無事に帰国することができた。

この事件の最中、日本国内では様々な議論が交わされた。実際に、武装勢力は誘拐した外国人を処刑し、そのショッキングな映像を公開していたため、議論は極めて切迫したものになった。そうしたなかで現れてきたのが、自己責任論に基づく次のような主張だった。すなわち、武装勢力の要求を飲むべきではない、その結果として三人が処刑されるのだとしても構わない、なぜなら渡航自粛勧告を無視してイラクに渡航したのは本人たちの自己責任であるからだ、というものだ。

イラク日本人人質事件における自己責任論は、『読売新聞』や『産経新聞』などの社説で掲載された他、政府の閣僚からの見解としても述べられた。一方、これに呼応するようにして、自己責任論への激しい批判も噴出した。

事件が終結した後も、自己責任論の是非は大きな論争となった。「自己責任」は二〇〇四年のユーキャン新語・流行語大賞のトップテンにランクインする。そこでは、この言葉は次のように紹介されている。

本来はリスクをとって行動した者が自ら「結果責任」をとることをいうが、最近では責任を転嫁する際にしばしば用いられている。特に自己責任という言葉が頻繁に用いられたのは、２００４（平成16）年4月、戦闘が続くイラクで発生した武装グループによる日本人人質事件のときだった。３人の日本人人質に対して自己責任という言葉が向けられたのだ。政府の勧告を無視してイラクに向かったのだから、自業自得だという議論だった。彼らが果たそうとしたイラクの子供たちへの支援や真実の報道という尊い目的は無視され、政府に迷惑をかけたことだけがクローズアップされた。全体主義の下で、自ら考え、独自の行動をした人を切り捨てるための言葉が自己責任となってしまった。[7]

興味深いのは、ここで「自己責任」という言葉が、責任を「転嫁」するために使われると述べられていることだ。すなわちイラク日本人人質事件において、本来、政府が果たすべき責任が、勧告を無視した三人に転嫁され、自己責任の名のもとに三人は「切り捨て」られた――そう説明されているのである。少なくとも、選者はこの言葉の使われ方を、欺瞞《ぎまん》的なもの、詭弁《きべん》的なものとして捉えているのだ。

この事件をめぐる議論は、自己責任という概念が持つ、一つの重要な側面を浮かび上がらせている。それは、責任が「排他的」なものである、ということだ。ある個人に責任があるなら、別の個人には責任がない。ある行為の結果が「私」の責任なら、それは「私」以外の誰かの責任にはなりえない。したがって、誰かに責任を引き受けさせた時点で、それ以外のすべての人間は責任を免除される――自己責任論には、そうした機能も備わっているのである。

イラク日本人人質事件は、どのように転んだとしても、日本社会に損害を生じさせるものだった。では、その損害の責任は誰にあるのか。自己責任を唱える陣営は、それを三人の責任にすることで、政府や社会を全面的に免責しようとしたのである。

教育における自己責任の言説

自己責任論の言説は、教育の分野にも浸透していった。たとえば、「『個に応じた指導』についての関係審議会答申」として文科省によりまとめられた、一九八五年の「臨時教育審議会　教育改革に関する第一次答申」では、次のような方針が打ち出されている。

今次教育改革において最も重要なことは、これまでの我が国の教育の根深い病弊である画一性、硬直性、閉鎖性、非国際性を打破して、個人の尊厳、個性の尊重、自由・自立、自己責任の原則、すなわち個性重視の原則を確立することである。

（中略）

個性とは、個人の個性のみならず、家庭、学校、地域、企業、国家、文化、時代の個性をも意味している。それぞれの個性は相互に無関係に孤立しているのではない。真に自らの個性を知り、それを育て、それを生かし、自己責任を貫くもののみが、最もよく他者の個性を尊重し、生かすことができるのである。[8]

ここでは、それまでの画一的な教育への反省から、子どもたちの個性を尊重する教育への方向転換が訴えられている。実際、画一化した教育は受験戦争を激化させ、競争についていけない生徒に「落ちこぼれ」という劣等感を抱かせた。こうした教育に対する反発としての校内暴力も社会問題となった。

しかし、なぜ、個性を尊重することと、自己責任を重視することが、一直線に結びつけられるのだろうか。右の説明では、あたかも自己責任を果たすことができない人間は、個性を発揮できないかのようである。しかし、少なくとも個性と自己責任の間に、論理的な連関を見出すことはできないように思える。

その後、日本社会の経済構造改革に呼応するように、教育における自己責任の重要性も、ますます大きなものになっていく。二〇〇八年に発表された中央教育審議会答申「幼稚園、小学校、中学校、高等学校及び特別支援学校の学習指導要領等の改善について」では、次のように語られている。

「競争」の観点からは、事前規制社会から事後チェック社会への転換が行われており、金融の自由化、労働法制の弾力化など社会経済の各分野での規制緩和や司法制度改革などの制度改革が進んでいる。このような社会において、自己責任を果たし、他者と切磋琢磨《せっさたくま》しつつ一定の役割を果たすためには、基礎的・基本的な知識・技能の習得やそれらを活用して課題を見いだし、解決するための思考力・判断力・表現力等が必要である。しかも、知識・技能は、陳腐化しないよう常に更新する必要がある。生涯にわたって学ぶことが求められており、学校教育はそのための重要な基盤である。[9]

ここで語られる自己責任の概念は、もはや子どもたちの個性を尊重するためのものですらない。それは、新自由主義的な経済システムを担う人材を育成するための、いわばスキルの一つのようなものになってしまっている。

労働問題を扱う雑誌「POSSE《ポッセ》」の編集長・渡辺寛人は、二〇一〇年代を生きるZ世代が、自己責任論を称揚する教育を受けたことによって、ブラック労働に搾取されている実態を指摘する。彼は次のように述べる。

> 教育改革のなかで、多様性・個性・選択・自由・能力主義などの言説によって教育の「自己責任」が強化され、公教育にかけられる予算は削減された。とくに中高一貫校の増大により、中学校入学段階における受験競争が強化された。その結果、小学校高学年の頃にはすでに家庭の経済格差が露骨に子供たちの学校生活に反映されるようになった。現代の教育現場は、かなりの程度、家庭の経済状況に規定されて「スクールカースト」が形成されている。運動能力やコミュニケーシ

ョン能力、容姿に加え、塾に通い良い成績を取ることができるか否かが、子供たちの関係のなかで重要な意味を持つようになっているのである。[10]

ここには、自己責任の言説に基づく教育が陥った、一つの逆説が示されている。もともと自己責任の教育は、画一的な受験競争に反対し、生徒の個性を尊重するために構想されていた。しかし、実際には、それは新たな受験競争を触発することになってしまった。その上、公教育への予算が削られることで、そうした競争は家庭の経済格差から露骨な影響を受けるようになった。すなわち、一方では競争の結果に対して自己責任が求められながら、他方では子どもたちにはどうすることもできない環境の要因によって、その競争が左右されるのである。

子どもたちは、自分では自由に選ぶことができない環境によってもたらされた結果に対して、責任を負うことを求められる。それは明らかに不合理だ。自己責任を称揚する教育は、子どもたちをそうしたダブルバインドへと陥らせるのである。

反転する自責と他責

精神科医の片田珠美は、現代社会を「一億総他責社会」と呼ぶ。片田によれば、「他責」とは「うまくいかないことは何でも他人のせいにして、「自分は悪くない」と主張する」[11]ことである。私たちの社会には、そうした考え方で自分を正当化し、自分自身と向かい合わない人が数多く出現しているという。なぜ、自己責任を原則としてきたはずの日本社会が、他責的な思考に支配されているのだろうか。彼女はその原因を、自己責任論そのものの重圧からの逃避の結果として解釈する。

「自己責任」は容易に反転して他責になる。「自己責任」の重圧に耐えられなければ、自分自身の問題を否認して他人に転嫁するのが最も手っ取り早いからだ。だから、何か問題が起こるとすぐに「○○のせい」と責任転嫁して、「自分は悪くない」と主張する。[12]

しかし、前述の通り、そもそも自己責任という概念自体が、他者への責任転嫁を含意している。なぜなら、誰かに責任を課すことによって、それ以外のすべての人間の責任は免除されることになるからだ。そのように考えるなら、自責（＝自己責任）と他責は対極にある概念ではない。むしろ、両者は常に同時に発生するものである、と考えることができる。

他責に陥るということは、言い換えるなら、無責任になるということだ。自己責任論はかえって人々を無責任にさせる。なぜこのような逆説的な事態が生じるのだろうか。文学研究者の荒木優太は、その理由を次のように説明する。

というのも、それは自己責任だ、という言明は、多くの場合、その当の「自己」から発せられるのではなく、見捨てることを正当化しようとする他者から発せられるものだからだ。勿論、他者による責任追及一般が無効であるとはいえない。ただし、そこで見出される「自己」なるものは、拡散した責任を個人に集約させ、すべてをなすりつけるスケープゴート化の産物なのではないか、と疑ってみる必要はあるだろう。ある個人の帰責と同時に、その裏では様々な関係者、政府や企業や国民の免責が行われているのかもしれない。[13]

自己責任論は人々を無責任にする。自責は他責を可能にする。荒木によれば、結局のところ自己責任論は、本来なら責任がある者を免責するために語られる。そうである以上、言説としての自己責任論は、決して責任という概念そのものを尊重するものではなく、むしろそれを蔑《ないがし》ろにする考えですらある。

サッチャーの言葉に戻ろう。彼女は、「社会などというものは存在しない」と言った。しかしこの言葉が本当に意味していたのは、「政府に責任などというものは存在しない」ということではないのだろうか。つまりそれは、個人に責任を帰すことで、政府を免責するために語られた言葉なのではないだろうか。

迷惑への不寛容

これまでの検討から明らかなように、自己責任論は、権力による統治と密接につながっている。それは、権力を維持するために、人々を「責任のある者」と「責任のない者」に分断する。このとき、「責任のある者」が「責任のない者」に援助を求めることは、無責任だ、と批判される。なぜなら、自己責任論は排他性を前提にしているのであり、ある者に責任があるなら、それ以外の者に責任はないからだ。もしも「責任のある者」が他者に援助を求めた場合、それは自分の責任を放棄して、「責任のない者」に対して不合理に責任を負わせる、無責任な行為であるかのように理解される。

反対に、「責任のない者」が「責任のある者」を自ら援助することも、同様に、ときに無責任だと見なされる。なぜなら、それは「責任のある者」の責任を、「責任のない者」が引き受けることになるからであり、その覚悟がないなら、最初から援助するべきではないからである。

このようにして、他者に援助を求めることは、それ自体がネガティブな行為として評価される。自己責任論が正しいとみなされるとき、私たちは誰にも助けを求めることができない。そしてそれは、「責任のある者」にその責任を果たす能力がないとき、その人を絶望的な状況へと追い込むことになる。

たとえばその典型例が、前述の、イラク日本人人質事件だろう。誘拐された三人を自己責任論によって切り捨てるなら、三人は自分の身に起こった出来事を、自分で解決しなければならない。しかし、どう考えても、三人に自力でその問題を解決することはできない。三人が監禁された状況から脱出することは不可能だっただろうし、まして、テロリストと戦闘するなどありえない選択肢だろう。そうであるとしたら、三人は処刑される運命を免れないことになる。つまり、当時、日本で自己責任論を展開した人々は、三人が処刑されても構わないし、本来責任のないはずの日本政府が援助をするくらいなら、むしろ処刑されるべきだと考えていたことになる。自己責任論は、そうした発想を正当化するのである。

当時、日本政府の関係者からは、解放された三人に対して、「多くの人に迷惑をかけたのだから謝罪すべきだ」という声が上がっていたという。[14] このように、責任のある人がその責任を果たせないとき、本来責任のない人から援助されることは、迷惑なこととして評価されるのだ。こうした言説の残酷さには、閉口するほかない。

ここには、「他人に迷惑をかけてはいけない」という日本的な価値観も反映されているように思える。私たちの多くはそうした規範を義務教育の過程で教えられる。そうした迷惑思想が自己責任論と癒合しているのかも知れない。一度責任を負う立場になったなら、その責任を果たすために、誰にも援助を求めてはいけない。もしも援助を求めるなら、そのとき私たちは他者に迷惑をかけていることになるのだから、その人に謝罪をしなければいけない。それほどまでに、他者に援助を求めることは、不正な行為であり、また恥ずべき行為として位置づけられているのである。

「強い責任」の構造

最後に、これまで検討してきた自己責任論の概念から、それを典型とする「強い責任」の構造を分析していこう。

本書が定義する強い責任とは、近代的な人間観に基づく「強い」主体を前提とした責任概念である。この発想は、「責任のある者」を「責任のない者」から区別し、両者を切り離す。強い責任が関心を向けるのは、それが誰の責任であるのか、誰が責任の主体なのか、ということだ。このとき、誰かに責任が帰せられる一方で、それ以外の人々は責任を免れる。この意味で、強い責任は排他的である。

そうした排他性が意味しているのは、人間が他者との関係から切断され、社会から孤立した個人として理解される、ということだ。ややあいまいな表現を使用することが許されるなら、それは「個人主義」と言ってもよい人間観だろう。「私」に強い責任が課せられるとき、「私」以外の他者に同じ責任は課せられない。それが成立するのは、「私」の行為があくまでも「私」だけによってなされたものであり、そこに他者からの影響が存在しないからだ。もしも、そうした他者からの影響を認めるなら、「私」の行為の責任は「私」だけのものではなくなってしまうだろう。そのとき、強い責任は成立しなくなってしまう。

ここで注意するべきポイントがある。強い責任の排他性は個人主義と結びつく。ただしそれは、実際に私たちが個人主義的に行為するから、強い責任が排他性を帯びる、ということを意味するわけではない。そうではなく、反対に、強い責任が排他性を帯びなければならないから、私たちの行為は個人主義的に説明されるのだ。裏を返せば、実際には個人主義的になされたのではない行為——つまり「私」が他者との関係から独立してなしたのではない行為——が、強い責任を成立させるために、個人主義的に理解され、説明されることがありうるのである。要するに個人主義は、現実を反映したものではなく、強い責任を成り立たせるために要請される、人間に対する一つの見方に過ぎないのだ。

もちろん、このことを理由に、強い責任が全面的に否定されるべきである、ということにはならない。本章では、自己責任論を中心に検討してきたが、たとえば司法の領域で問われる刑事責任もまた、強い責任を前提としなければ成り立たないだろう。少なくとも現状において、私たちの社会で強い責任が通用し、それによって社会の基盤が維持されているということは、認めざるをえない事実だろう。

しかし、そこに問題があるのは明らかである。たとえば、果たすことができない責任を負ってしまったとき、他者に手助けを求めることは、「迷惑」なこととして道徳的に非難される。強い責任の排他性は、責任を果たすために人々が助け合う、ということを不可能にする。もちろん、それで社会が成り立っているのだから、それでよい、という考え方もできるだろう。ところが、そうした排他性が看過できない深刻な事態を引き起こすこともある。

次章では、そうした強い責任の危険性について、さらに考えを深めていこう。

1 Laura Blecken「日本社会における「自己責任」：デジタル・ヒューマニティーズの手法を用いた自己責任の概念の歴史と言説分析」『日本語と日本語教育』慶應義塾大学日本語・日本文化教育センター、第五〇号、二〇二二年、四五—六八頁

2 Margaret Thatcher, 'Interview for "Woman's Own" ("no such thing *[as society]*"), 1987, Margaret Thatcher Foundation, https://www.margaretthatcher.org/document/106689（二〇二四年五月二一日閲覧）

3 臨時行政調査会「行政改革に関する第一次答申」一九八一年、https://www.ipss.go.jp/publication/j/shiryou/no.13/data/shiryou/souron/1.pdf（二〇二四年五月二一日閲覧）

4 種村剛「「自己責任」の時代—１９９１年の損失補てんを事例として—」『自然・人間・社会』第三八号、二〇〇五年、一四七—一七一頁

5 経団連「財政民主主義の確立と納税に値する国家を目指して—財政構造改革に向けた提言」一九九六年、https://www.keidanren.or.jp/japanese/policy/pol113/index.html（二〇二四年五月二一日閲覧）

6 内閣府「平成14年度版 年次経済財政報告書」二〇〇二年、https://www5.cao.go.jp/j-j/wp/wp-je02/wp-je02-000i1.html（二〇二四年五月二一日閲覧）

7 「現代用語の基礎知識」選 ユーキャン新語・流行語大賞「第21回２００４年授賞語」https://www.jiyu.co.jp/singo/index.php?eid=00021（二〇二四年五月二一日閲覧）

8 文部科学省「「個に応じた指導」についての関係審議会答申」https://www.mext.go.jp/b_menu/shingi/chukyo/chukyo3/005/gijiroku/03070202/006/001.htm（二〇二四年五月二一日閲覧）

9 中央教育審議会答申「幼稚園、小学校、中学校、高等学校及び特別支援学校の学習指導要領等の改善について」二〇〇八年、https://www.mext.go.jp/a_menu/shotou/new-cs/information/20230210-mxt_kouhou02-1.pdf（二〇二四年五月二一日閲覧）

10 渡辺寛人「日本における「ジェネレーション・レフト」の可能性を探る――新自由主義に対抗するための変革ビジョンとオーガナイズを」「POSSE」vol. 48, 二〇二一年、六八―八五頁

11 片田珠美『一億総他責社会』イースト・プレス、二〇一九年、一五八頁

12 前掲書、一七九頁

13 荒木優太『無責任の新体系』晶文社、二〇一九年、三七―三八頁

14 田村美恵「イラク人質事件における「自己責任論」への態度に影響を及ぼす心理学的要因の検討(1)：国民意識のあり方、及び、自己責任論への賛否に関する理由記述に注目して」『神戸外大論叢』五五(七)、二〇〇四年、三五―五四頁

第二章　孤独と全体主義

前章では、自己責任論を手がかりにしながら、本書が「強い責任」と定義する責任概念の構造を検討した。その特徴を改めて確認しておこう。

強い責任は、「強い」主体を前提とする責任概念であり、人間を「責任のある者」と「責任のない者」へと、排他的に分断する。この責任概念に基づくとき、人々は他者との関係から切断され、「個人主義的」に理解されるようになる。

筆者は、強い責任がそれ自体で間違っているとは考えない。それによって社会が維持されるなら、そこに機能としての必要性があることは否めないからだ。しかし、このような考え方が万能だとも考えない。強い責任は、時として暴走を引き起こすこともありうるからである。そしてそれは、場合によっては、極めて大きな破局をも引き起こすことになるかも知れない。

本章では、そうした破局の事例として、第二次世界大戦中のナチスドイツを挙げる。前章で述べた通り、自己責任という言葉の一つの起源は、ドイツ語の「Selbstverantwortlichkeit」である。この言葉はナチスドイツにおいても、新自由主義とは異なる形ではあるが、政策的指針として重視されていた。

周知の通りナチスは、全体主義とも呼ばれる独裁的な支配体制のもとで、ユダヤ人の大量虐殺を政策として推進していた。自己責任のイデオロギーは、そうした暴力に対してどのような役割を果たしたのだろうか。

ナチスドイツにおける自己責任論

ナチスは自己責任という概念を国民に対するプロパガンダとして利用した。しかし、その文脈は現代の自己責任論とは大きく異なっている。前章で確認した通り、現代のそれは、基本的には新自由主義を下支えする思想として語られている。新自由主義は、政府による市場への介入を抑制する。それに対してナチスは、特に第二次世界大戦以降、総動員体制のもとで経済・産業活動を全面的に統制した。そのような支配体制のなかで、いったいどのようにして、自己責任の概念が機能しうるのだろうか。

ナチスが政権を取ってから五年後の一九三八年、経済学者の中川与之助は、国家民族主義を標榜《ひょうぼう》するナチスが、なぜ自己責任を重視しているのかを、巧みに紹介している。[1] 彼がその背景として指摘しているのは、共産主義への批判と、民主主義への批判である。

中川によれば、共産主義は、人間の経済活動を階級闘争の一環として説明する。国家は、国民を搾取する敵対的な勢力として位置づけられ、人々はそうした国家を打倒するために活動するようになる。当然のことながら、それでは国家が国民を統制し、国家を発展させることなどできるはずがない。したがって共産主義は不適切な国家体制である。

一方、民主主義に従うと、大多数の凡庸な人間の意見によって、国家が左右されてしまう。政治家は、自らの権力を保つために、大多数の凡庸な人間から支持されうる政策を行う。そしてそれは、国家を全体として凡庸なものにしてしまう、ということを意味する。したがって、共産主義がそうであったのと同様に、民主主義もまた決して国家の発展を促すことにはならないのだ。

このような観点から、共産主義と民主主義は、ともに国家を衰退させる政治思想として捉えられていた。それに対して、あくまでも国家を発展させようとするなら、私たちは一人一人が自らを成長させなければならないし、凡庸な人間に主導権を握らせることも許してはならない。むしろ、凡庸な人間こそが、優秀な人間によって指導されなければならないのだ。

　こうしたエリート主義的な価値観が、ナチスにおける自己責任の称揚につながっている。国民は、現状に甘んじることなく、優れた人間になるよう努力しなければならない。自分自身を成長させる責任を負わなければならない。それによって、国家を発展させていく使命を果たさなければならないのである。

　第二次世界大戦の後半、一九四一年から一九四五年の三年半余りの間に、こうした自己責任の概念はより直接的に政策へと反映されていく。この期間のナチスドイツは、国内の経済活動をすべて戦争のために統制する、総動員体制をとった。武器・軍需省大臣のフリッツ・トットは、効率的な軍需品の生産を促進するために、「軍需品経済の自己責任」を基礎とする体制として「中央委員会」を設置した。これは、弾薬、兵器、戦車、装備など、様々な軍需品の生産を分担する民間企業の複合組織である「特別委員会」を統括し、それぞれの部門の指導者として、民間企業の経営者が任命された。

西洋経済史学者の柳澤治が主張するように、「ドイツの総力戦体制の特徴は、軍需品の効率的な増産＝合理化政策が、単なる上からの強制としてばかりでなく、軍需関連企業によって下から支えられ、推進された点にある」[2]のである。

この意味において、ナチスドイツにおける自己責任の概念は、国家に対する自発的な寄与への義務である、と考えることができよう。それが新自由主義における自己責任論とまったく異なることは明らかだ。しかし、機能としては、それが果たしている役割はよく似ている。前述の通り、強い責任は社会のシステムを維持するために要請される。新自由主義における自己責任は、国家の財政負担を軽減するために求められる。同様に、ナチスドイツにおける自己責任もまた、戦争を遂行するための国家の負担を、国民の自発的な寄与によって、軽減しようとするものなのである。

ユダヤ人の虐殺と「密告」

強い責任は、人々を他者との関係から切断し、孤独な状況へと陥らせる。自己責任論によるプロパガンダを敷いたナチスにおいても、同様の問題が生じていたに違いない。それを象徴しているのが、住民による「密告」の制度である。

ナチスドイツは六〇〇万人以上のユダヤ人を虐殺したと言われている。当時、ユダヤ人の摘発を中心的に担っていたのは、ゲシュタポと呼ばれる秘密警察だった。

第二次世界大戦の開戦以降、ゲシュタポは組織改編され、その任務は拡大していった。その一方で、人員は不足し、組織的・技術的なキャパシティも限界に直面していた。そこでゲシュタポは、限られたリソースによって治安を維持するために、共産主義者らとともにユダヤ人を「国家の敵」として位置づけ、司法を介さない組織的な弾圧を行った。その手段の一つとして活用されたのが、住民からの密告だった。住民は、単に警察によって弾圧される対象ではなく、他の住民を弾圧する側へと役割を変えていった。そうした密告が、史上類を見ない大量虐殺を可能にしたのだ。

ユダヤ人に関する密告は、ナチスドイツにおいては、完全に合法的な行為であった。そうであるとしたら、密告の責任は、密告を合法化していたナチスドイツにある、と考えることができる。では、そのように密告することで、虐殺に加担した住民には、何の責任もないということになるのだろうか。

政治思想家のハンナ・アーレントは、あくまでも密告した住民には虐殺に加担した責任がある、という立場を取る。彼女によれば、権力に服従することは、同時にその権力を支持することを意味するからである。いかなる権力も、それに対して服従する者がいなければ、その権力を維持することはできない。権力が権力として存在できるのは、それに服従する者がいるからだ。つまり服従は、その権力が存在することへの同意を意味するのである。

アーレントの主張は、一見すると、当時のドイツ人に対して過酷な要求をしているように思われるかも知れない。しかし、彼女によれば、当時のドイツ人のなかにも、権力への服従を拒否した人々はいた。そうである以上、服従した人は、服従しないこともできたはずだったのであり、単純に服従を強制されていたわけではない。

とはいえこのことは、服従した人々がナチスのイデオロギーを自らの信念にしていた、ということを意味するわけではない。つまりそうした人々が、ナチスの幹部たちと同様に、ユダヤ人を憎悪し、心の底から虐殺したいと願っていた、というわけではない。むしろ、そうした人々のほとんどは、はっきりとした考えなしに、自分の意見などなく、権力に服従し、虐殺に加担した。アーレントは次のように説明する。

新しい秩序に協調した人々は、革命的な人だったり、叛乱を好む人だったりするわけではありません。ナチスと「協調」したのは圧倒的な多数者だったのです。道徳的な崩壊は、疑問をいだくこともなく、叛乱のスローガンを掲げることもない社会的な集団のうちで起きた屈服だったのです。[3]

アーレントはここに、ナチスドイツにおける虐殺の特異性を洞察する。すなわちそれは、人々の悪意によって引き起こされたのではなく、人々が何も考えないことによって引き起こされたのだ。私たちはその意味を、どのように理解するべきなのだろうか。

思考の欠如

私たちは、自分の行為が正しいか否かを判断するとき、何らかの道徳的な規範に従って思考する。たとえば私たちの多くは、人を殺してはいけない、という規範が、道徳的に正しいと信じている。この規範が正しいのは、それが法律で定められているからではない。もしもこの世界に、殺人が法律で禁止されていない国があったとしても、私たちは人を殺してはいけないことを疑わないだろう。この意味において、道徳的な正しさは法律を超えたものなのだ。

たとえば、次のような事態を想像してもらいたい。今まで殺人が法律で禁止されていたのに、ある日、突然それが許されたら、どうなるだろうか。当然、私たちは戸惑うだろう。そんな法律は道徳的に間違っている、と判断するだろう。そうした判断が可能なのは、私たちが思考の基準としているものが、法律よりも上位にあるからである。もしも判断の根拠が法律でしかないなら、私たちには新しく変わった法律を批判することができない。なぜなら、その場合には、新しく変わった法律こそが、正しい判断の根拠になるからである。

しかし、ナチスドイツにおいて権力に服従した人々には、そうした思考が働いていなかった――アーレントはそのように考える。司法を介さない国家による虐殺など、それ以前には道徳的に許されない行為であるはずだった。しかし、一度それが法律で認められるや否や、人々は躊躇《ためら》うことなくその行為に加担した。そのとき人々は、思考した結果として、虐殺が正しいと判断したわけではない。そうではなく、虐殺が正しいことであるか否かということ自体を、考えることさえしなかったのだ。だからこそそうした人々は、虐殺に加担することに対して無抵抗になってしまった。

アーレントはこうした出来事のうちに、道徳性の根本的な崩壊を洞察する。

道徳性がたんなる習俗の集まりに崩壊してしまい、恣意的に変えることのできる慣例、習慣、約束ごとに堕してしまうのは、犯罪者の責任ではなく、ごく普通の人々の責任なのです。こうした普通の人々は、道徳的な基準が社会的にうけいれられている間は、それまで教え込まれてきたことを疑うことなど、考えもしなかったでしょう。この問題、この事実が提起する重要な事態は、ドイツの国民がナチスの教義を信じつづけたわけではないこと、わずかな期間の予告だけで、「歴史」がドイツの敗北を告げただけで、もとの道徳性にもどったことです。この問題はいまだに解決されていないのですし、わたしたちはこの事実に直面しなければならないのです。[4]

アーレントによれば、ナチスドイツにおいて、道徳性は単なる「習俗」、つまり権力者の都合によってコロコロと変えることのできる慣習に変わってしまった。しかし、前述の通り、権力は被支配者から服従されなければ存在できない。だからそうした道徳性の崩壊の責任は、権力に服従した被支配者たち、つまり「ごく普通の人々」にあるのだ。

この問題は、ナチスドイツの解体によって解決されたわけではない。なぜなら、第二次世界大戦の終了とともに、人々はナチスドイツの価値体系から、「わずかな期間の予告」だけで、「もとの道徳性にもどった」からである。

そうであるとしたら、終戦後の民主主義的な価値観の回復もまた、人々の思考に基づいたものではない。おそらくそれも、思考の欠如によって、それが正しいか否かを考えることもなく、ただ周囲の人々への同調によって生じた出来事なのである。だからこそ、ただそれを素朴に安堵することはできない。民主主義的な価値観もまた、いつ放棄されるか分からないからである。

責任の逆説

ユダヤ人の虐殺は人々の思考の欠如によって引き起こされた。しかし、ここで次のような疑問が生じるとしても不思議ではない。すなわち、そもそもナチスドイツは国民に対して自己責任を強調していたのではないか。そうであるとしたら、人々が思考することなく周囲に同調することなど、ありえないのではないか。

アーレントによれば、ナチスドイツにおいて、ユダヤ人の虐殺に加担することは、国民の責任であると考えられていた。言い換えるなら、虐殺に加担しない者は、無責任であると見なされていた。彼女によれば、「個人の責任や道徳的な責任は、誰もが負うべき事柄であり、そこでどんな状況であろうと、どんな帰結をもたらそうと、仕事をつづけるほうが「責任をひきうけている」と主張された」[5]のである。

ナチスドイツにおいては、虐殺に加担しないことは無責任だった。しかし、アーレントは同時に、そうした人々こそが「あえて自分の頭で判断しようとした唯一の人々だった」[6]と評価する。つまりそうした人々は、周囲に同調するのではなく、自分自身が正しいと思えるか否かを思考していたのであり、その点で自らの行動に責任を負っていたのだ。そうした人々には自分の意見があり、自分の考えがあった。だからこそ、虐殺への加担に対して抵抗することができたのだ。

ここには責任をめぐる興味深い逆説が示されている。虐殺に加担しなかった人々は、自分自身の責任を引き受けるために、虐殺に加担することを拒否したが、それはナチスドイツにおいて、無責任な行動として非難された。つまり、ナチスドイツの基準に従うなら、それは自己責任に違背する行動だった。しかし、戦後、ナチスドイツが解体したあとの民主主義的な価値観のもとでは、むしろそうした人々こそが、責任ある行動をしたと評価される。

同じことを裏側から説明すれば、次のようになる。すなわち、ナチスドイツにおいて責任を果たしていたと見なされる人々は、結局のところ、自分で思考することを放棄した無責任な人間だった。少なくとも、戦後の民主主義的な価値観のもとでは、そうした評価は免れえない。

人々は、無責任でありながら自己責任を引き受けること、強い責任を引き受けることがありうる。筆者の考えでは、これは、決してナチスドイツだけに限った現象ではない。もしかしたら、自由主義における自己責任論もまた、同じような思考の欠如へと陥っているかも知れない。

私たちの社会では自己責任論が蔓延している。しかし、その言説に従っている人々のいったいどれだけ多くが、自己責任論の正しさについて、一度でも思考したことがあるだろう。もしかしたら、ほとんどの人は、そんなことは考えたことがなく、ただ周囲と同調して、なんとなく自己責任論者になっているのではないか。そして、自己責任を果たさないと見なされている人を、無責任だと言って非難しているのではないか。

アーレントの思想に従うなら、そのように周囲に同調して物事を判断すること自体が、無責任なのだ。思考することを放棄してその時代の自己責任論に同調することは、自分でも気づかない間に、大きな暴力に加担していることになるかも知れない。そしてそれは、もっと後の時代の視点からは、恐ろしい無責任さの発露として評価されるかも知れないのだ。

自己責任論に従うことは、無責任であることと両立する——ここに、強い責任が構造的に抱える問題が潜んでいるのである。

思考するとはどういうことか?

そもそも、思考するとはどういうことだろうか。

アーレントは、思考を数学的な計算から区別する。計算は、一つの問いに対して、必ず決まった一つの答えを導き出す。問いと答えの間にあるのは、証明の過程でしかない。計算するということは、そうした過程を正確に辿《たど》ることに他ならないのだ。しかし、思考するということは、そうした決まりきった過程を辿ることではない。むしろそれは、答えのない問いについて、ああでもない、こうでもないと、様々な角度から吟味することである。つまり思考は、一つの視点ではなく、複数の視点から考える営みなのである。

そうした視点の複数性を、アーレントは対話という行為を手がかりに説明している。彼女にとって思考は、複数の視点から物事を吟味するということであり、それは言い換えるなら、「わたしと自己とが沈黙のうちで交わす対話」[7]と呼ばれるべきものである。

平たく言えば、それは自問自答の営みに他ならない。もっとも、思考を自己との対話として捉える発想自体は、必ずしもアーレントの独創ではない。少なくとも同様の考え方の起源は、古代ギリシャにまで遡ることができる。自己と対話する、ということは、「私」が自分自身と何らかの形で関係する、ということを意味する。ではその「関係」は一体何だろうか。興味深いことに、古代ギリシャにおいて、それは友情として説明されていた。つまり、物事を多様な角度から吟味する思考は、友達と対話するときのように、「私」が自分自身と対話することで成し遂げられるのである。アーレントもまた、そうした発想を継承している。思考するということは、まるで友達と接するかのように、自分と対話することである――そうであるとしたら、思考の質は、それ以前に交わされた友達との対話の経験に左右されることになる。そうした対話の豊かさが、思考の深さを条件づけることになるのだ。アーレントは、両者の関係を次のように説明する。

> アリストテレスは友情について「友は第二の自己である」と述べているが、これは、自分自身を相手にするのとまったく同じように友を相手にして思考の対話をすることができるという意味である。これは依然としてソクラテス的伝統のなかにあるが、ソクラテスだったら「自己もまた一種の友である」と言ったことだろう。この問題で道しるべとなる経験は友情であって、自分との関係ではない。自分と語り合うよりも前にまず友と語り合って話題となっていることを吟味するのであり、その後で、他人とだけでなく自分自身とも対話をすることができるのだということを発見するに至る。[8]

思考の「道しるべ」は「友情」の経験である。友達との対話の経験がまずあって、その経験を頼りにして、私たちは自分自身とも対話することができる。この順番は逆ではない。そしてこのことが意味しているのは、もしも友達との豊かな対話の経験がなければ、私たちは物事を深く思考し、批判的に吟味することもできなくなってしまう、ということだ。

友情の剝奪

ここから次のような仮説を立てることができる。なぜ、ナチスドイツにおいて、多くの人々は思考することなく、虐殺に加担してしまったのか。それは、そうした人々から、思考の条件であるところの友情が奪われていたからではないだろうか。つまり、強い責任が人々を孤立化させ、他者との関係から切断していたからではないだろうか。

前述の通り、ナチスドイツは住民からの密告によってユダヤ人の虐殺を推進した。それは、公的な警察組織だけではなく、自分以外の住民もまた、警察として機能するという事態を意味する。このような事態は、人々の間に深刻な疑心暗鬼を蔓延させ、常に、自分が密告されるかも知れないという不安を喚起する。そうした不安は、それまで築かれていた友情関係を破綻させる力を持っていたのである。アーレントは次のように述べる。

誰かが告発されるや否や、彼の友人は一夜にして最も激烈で危険な彼の敵とならざるを得ない。彼の罪を密告し警察と検察側の調書にたっぷり中味を盛り込むことに協力することで、われとわが身の安全を守ることができるからである。一般に告発はありもしない犯罪について行なわれるのだから、間接証拠をでっち上げるためにはまさにこの友人たちが必要とされる。粛清の大波が荒れ狂っている間は人々が自分自身の信頼性を証明する手段はただ一つしかない。自分の友人を密告すること、これである。そしてこれは、全体的支配および全体主義運動の成員から見ればまことに正しい尺度であって、ここでは事実、友人を裏切る用意のある者のみが信頼に足る人間である。疑わしいのは、友情その他一切の人間的な紐《ちゅう》帯《たい》なのだ。[9]

たとえば「私」の街にユダヤ人の友達が住んでいるとする。この状況そのものが、ナチスドイツにおいて極めて危険なのである。もしも「私」が密告する前に、その友達が誰かに密告されれば、警察の取り調べによって、友達は「私」との関係を暴露するかも知れない。すると、「私」はユダヤ人と協力していた者として、政治思想犯として、家族もろとも逮捕されるかも知れない。そうした事態を回避するための唯一の手段は、「私」が自分からその友達を密告することである。それが合理的な行動なのだ。

ナチスドイツにおいて、誰かと友達になることは、そもそもリスクでしかない。その友達から密告されるかも知れないし、その友達が逮捕されれば、自分も逮捕されるかも知れない。そして、そうした事態を回避するために、自分からその友達を裏切らなければならなくなるかも知れない。それくらいなら、最初から誰とも友達にならない方がいい。交友関係を結ぶことも、維持することも避けた方がいい。そもそも友達を作らないことこそが、もっとも合理的な行動なのだ。そのようにして、ナチスドイツの支配体制は、人々から友情を根本的に奪い去ってしまったのである。

思考は友情を基礎としている。そうである以上、友情が奪われるとき、思考もまた私たちから奪われる。それは、私たちが物事を複数の視点から眺める能力の喪失、つまり「複数性の破壊」を意味する。複数性を奪われた人々は孤独な感情に苛《さいな》まれる。彼女によれば、それは自分が人々から「見捨てられた」[10]という気分に他ならない。

見捨てられた被支配者たち

疑心暗鬼に陥って他者と友情を築けなくなること、それは、自分が他者から見捨てられているという感情を喚起する。他者との対話は、自己との対話の条件である。そうである以上、他者から見捨てられているということは、自分自身からも見捨てられている、ということを意味する。そうした感覚について、彼女は次のように説明する。

見捨てられていることの中で人々は真にひとりになる。すなわち他の人々と世界から見捨てられているだけではなく、自己――これはまた同時に孤独の中での〈各人〉でもあり得る――からも見捨てられている。だから彼らは孤独の分裂を実感することはできるが、他人によってもはや確認されない自己のアイデンティティを自分と一緒に維持することはできない。この見捨てられている状態の中では、自己と世界、――ということはつまり真の思考能力と真の経験能力はともになくなってしまう。[11]

自分が見捨てられている、と感じるとき、私たちは「真の思考能力」を失ってしまう。なぜなら、前述の通り、思考とは自分自身との対話に他ならないからである。ある出来事が正しいか否かを、自分のなかのもう一人の自分を呼び出し、対話すること――それが、思考するということなのだ。それに対して、友達を失い、自分自身からも見捨てられてしまったと感じる人は、自分がしていることの正しさを、自分と対話して吟味することができない。だから、人々は思考が欠如した状態に陥り、虐殺へと加担してしまう。それが、ナチスドイツにおいてなぜ多くの人々が無責任にナチスへと服従してしまったのか、という問題に対する、アーレントの一つの答えなのだ。

整理しよう。ナチスドイツは密告による支配体制を敷いた。密告は人々の間に疑心暗鬼を生み、人々から友情を奪った。友情を奪われた人々は、見捨てられた状態へと陥った。それは、複数性を破壊し、自分自身からも見捨てられることを意味した。人々は、複数の視点から物事を眺め、自分自身と対話して物事を思考する能力を失った。その結果として、何も思考することなく、虐殺に加担することになった。そうした行為こそが、責任ある行動として賞賛されたのである。

もっとも、ナチスドイツがそうした効果を戦略的に期待して、密告制度を敷いたわけではないだろう。それは、ゲシュタポのキャパシティの問題を解消するために、ほとんど技術的な観点から実施されたに過ぎないだろう。もしもそうした制度が敷かれていなかったら、事態は違った形で進展していたかも知れない。人々は、たとえユダヤ人に友達がいたとしても、その友達との関係を解消しはしなかっただろう。少なくとも、友情そのものがリスクであるとは、考えなかっただろう。そして、そうした友達との対話によって、ナチスドイツの政策を複数の視点から吟味し、それを批判的に思考することができたかも知れない。その結果として、思考の欠如を免れることができたかも知れないのだ。

強い責任の構造的欠陥

強い責任は、「責任のある者」と「責任のない者」を区別する。強い責任が称揚されるとき、人々はばらばらに分断され、互いに孤立する。それが前章で私たちが確認したことだった。

ナチスドイツにおけるユダヤ人の虐殺は、そうした強い責任の暴走として理解することができる。自己責任を重視した政府は、密告による相互監視によって国民を支配することで、人々から友情を奪い、思考する能力を停止させた。人々は、周囲に同調し、たやすく虐殺に加担した。思考することができた少数の人間は、虐殺に加担することを免れたが、当時の社会において、その行動は無責任であると批判された。しかし戦争が終結した後では、むしろ周囲に同調した人々が、無責任であると見なされた。

ここには、強い責任が抱える二つの構造的な欠陥が示唆されている。

第一に、ある行動は、責任を果たすものであると同時に、無責任でもありうる、ということだ。ある観点から眺めれば責任ある行動が、別の観点から眺めれば無責任であると評価されうる。したがって、その行動が責任あるものであるか否かは、結局のところ、その行動をどのような観点から眺めるかによって、変わってくる。そうである以上、私たちはどのような観点をとるべきか、という選択を迫られる。しかし、そうした選択に対する指針を、強い責任そのものから導き出すことはできない。つまり私たちが、誰に責任があるかに拘泥《こうでい》している限り、その責任を果たすことが本当に正しいことであるか否かを説明することは、そもそもできないのである。

第二に、ある行動が本当に道徳的に正しいと言えるかどうかを判断するために、私たちは思考できなければならない。思考は、自己との対話を必要とし、自己との対話は、他者との対話を必要とする。つまり、他者との関係性を頼ることができなければ、強い責任に対する批判的な吟味は不可能なのである。しかし、「責任のある者」と「責任のない者」を分断し、人々を孤立させる強い責任は、まさにこの条件を壊してしまう。したがって、その道徳的な妥当性は問い直されず、人々の同調を促してしまう傾向にある。

ここに強い責任の根本的な問題がある。それは、「お前に責任がある」「自分の責任は自分でとれ」と脅迫されるとき、私たちの思考は停止し、その責任を果たすことが本当に正しいことであるかどうかを、判断できなくなってしまう、ということだ。その結果、道徳的に許されない行動に加担することに対して、抵抗できなくなる。そうした脅迫が、国家の規模で行われるとき、ナチスドイツが引き起こしたような、途方もない規模の破局が起きる。

このような事態を回避するために、いったい、どのような解決策がありうるのだろうか。

一つのヒントがある。それは、責任を捉える視点を、別の側面に向けるということである。強い責任は、「誰に責任があるのか」ということを強調する。それは言い換えるなら、この責任概念にとって重要な点が、責任の「主体」だけに限定されている、ということだ。しかし、責任は常に、誰かに対しての責任でもある。つまりそこには、責任の「対象」もまた存在する。

もしも私たちが、責任をめぐる視線を、責任の「主体」から「対象」へと置き移すことができたら、私たちは責任を違った仕方で語ることができるようになるだろう。誰に対して責任を負っているのか、ということを私たちが意識するなら、誰が責任を負っているのか、ということは、後景に退いていくことになるだろう。

たとえば、ナチスドイツにおいてユダヤ人の虐殺に加担した人々は、さしあたり、自分が責任を果たすことに必死になっていたのかも知れない。しかしそのとき、人々が、虐殺されるユダヤ人に対する自分の責任を問い直すことができたら、きっと違った思考の可能性が開かれていたはずだ。そしてその思考は、虐殺への加担を思いとどまらせるに足る、有力な抑止力になっただろう。

責任の主体から、責任の対象への、視線の変更——それが、強い責任が抱える根本的な問題に対する、一つの解決の糸口になるのではないだろうか。このアイデアは、また後で、改めて詳しく検討することにしよう。

1 中川与之助「ナチス主義と経済的自己責任の原則」『経済論叢』京都帝国大学経済学会、第四六巻、第一号、一九三八年、四七—六〇頁
2 柳澤治『ナチス・ドイツと資本主義：日本のモデルへ』日本経済評論社、二〇一三年、一七七頁
3 ハンナ・アレント『責任と判断』ジェローム・コーン編、中山元訳、筑摩書房、二〇一六年、二五七頁
4 前掲書、九一—九二頁
5 前掲書、五九頁
6 前掲書、七二頁
7 前掲書、一七頁
8 ハンナ・アーレント『精神の生活　上　第一部　思考』佐藤和夫訳、岩波書店、一九九四年、二一九頁
9 ハンナ・アーレント『新版　全体主義の起原　3　全体主義』大久保和郎・大島かおり訳、みすず書房、二〇一七年、三九頁
10 前掲書、四〇頁
11 前掲書、三二一頁

第三章　中動態と意志

前章では、「強い責任」が暴走を引き起こしたときに起こりうる破局について、ナチスドイツの事例を手がかりにしながら考察した。

改めてその要点を確認しておこう。当時の人々は、深く思考することなく、ナチスの暴力に加担した。なぜなら、そこでは他者との関係性が破壊され、人々は孤立し、見捨てられた状態へと陥っていたからだ。アーレントによれば、そうした関係性——友情——こそが、思考にはどうしても必要なのである。しかし、思考することなく権力に服従することは、その権力を支持することに等しい。だから、暴力に加担した人々は、その責任を問われざるをえない。

しかし、ここで次のような疑問が生じたとしても不思議ではない。強い責任は、「私」が自分の意志で選んだことに対して、「私」が引き受けるものではないか。それに対して、深い思考なしに、ただ周囲と同調した結果であるなら、その行為を自分の意志で選んだとは言えないのではないか。そうであるとしたら、ナチスの暴力に加担した人々は、結局のところ、その加担の責任を問われないはずではないか。

これは、強い責任と権力の関係をめぐる問いに他ならない。本章では、近年、責任に関する議論にもっとも大きな影響を及ぼしている、國分功一郎《こくぶん》の哲学を参照しながら、この問題について考えてみよう。それによって、強い責任が前提とする行為の概念が、実は私たちが思っているよりもはるかに不透明であることが、明らかになるだろう。

責任と意志

國分[1]によれば、一般的に責任は意志の概念を前提にしている。つまり私たちが自分の行為に責任を負うのは、その行為が私たちの意志に基づくものであるからである。意志が生じたからこそ、その結果に対して責任が課せられるのだ。

たとえば、「私」が誰かを殴ったとしよう。相手はそれによって怪我をする。このとき、相手が怪我をしたことについて「私」が責任を負うのは、「私」が相手を殴ることを意志したからである。

なぜ、意志することが、責任を負うことと結びつくのだろうか。その理由を説明することは意外とややこしいのだが、さしあたり、次のように整理することができるだろう。

意志するということは、選択するということである。相手を殴ることを意志するとき、「私」は、相手を殴るか、殴らないか、という二つの選択肢から、前者を選択する。このことは、裏を返せば、「私」がその選択をする前には、「私」が相手を殴るか殴らないかは、決まっていない、ということだ。

あまりにも当たり前のことであるが、しかし、理論的にはここが大切なのである。「私」が相手を殴るということは、「私」がそれを選択し、意志しなければ、起こらなかった。つまり、相手が「私」に殴られて怪我をしたことの原因は、ひとえに、「私」がそれを意志したことにあるのであり、それ以外にはないのだ。だから、「私」はその結果を自分以外の誰のせいにも、何のせいにもすることはできない。したがって、「私」は相手を殴って怪我させた責任を、引き受けなければならないのである。

見方を変えるなら、このことは、自分で意志したわけではないことに対して、私たちが責任を負うことはない、ということでもある。たとえば、「私」が満員電車に乗っているとき、後ろから誰かが駆け込み乗車し、その人に無理に押され、抗《あらが》い難く隣の人にぶつかってしまったとしよう。このことは、相手に対して身体的な苦痛を与えたという点では、相手を殴っていることとそれほど変わらない。しかし、「私」はそのようにぶつかったことに対して――そこによほどの不注意が認められない限りは――責任を負わないだろう。なぜなら、「私」はその人にぶつかろうとしてぶつかったのではなく、その結果を意志していたわけではないからだ。

もしも、「私」がその人にぶつかってしまった責任を誰かに帰すとしたら、それは、その事態を引き起こした者へと向かう。それは、「私」のことを押した人、つまり駆け込み乗車してきた人である。その人は、駆け込み乗車しないこともできたはずなのに、あえて駆け込み乗車することを選んだ。つまりそうする意志を持っていた。だから、「私」が隣の人にぶつかってしまった原因は、駆け込み乗車をした人の意志にある。したがって、「私」が隣の人にぶつかってしまった責任も、その人が負うべきなのである。

國分によれば、このように意志に基づく行為は、能動的な行為として、つまり自分から働きかける行為のあり方として理解できる。それに対して、他者によって強制的に行為させられることは、受動的な行為のあり方である、と考えられる。明確な意志に基づいて相手を殴ることは、能動的である。それに対して、満員電車で抗い難く隣の人にぶつかってしまうことは、受動的な行為である。そして私たちが責任を課せられるのは、あくまでも前者、能動的な行為に対してだけである。これが、責任と意志に関する私たちの常識的な考え方だと、彼は主張する。

能動的でも受動的でもない行為

以下では、能動的な行為の様態を「能動態」、受動的な行為の様態を「受動態」と呼ぶことにしよう。問題はここからである。私たちの常識的な考え方に従えば、人間の行為は能動態か受動態かのいずれかに分けられる、と考えられる。つまり、行為の様態はその二種類しかないのであって、それ以外の仕方で行為がなされることはない、ということだ。

これは、論理学の世界では、排中律《はいちゅうりつ》と呼ばれる形式の判断である。行為の様態は、能動態か受動態かのいずれかしかない。そうであるとしたら、もしもある行為が能動態ではないなら、その行為は必然的に受動態である。あるいは反対に、もしもある行為が受動態ではないなら、その行為は必然的に能動態である。そうした判断が可能になる。

しかし、國分によれば、こうした発想が必ずしも妥当であるとは限らない。なぜなら、能動的であるわけではないが、かといって受動的であるわけでもない行為の例をいくらでも挙げることが可能だからである。

たとえばその典型が、周囲の空気に同調して行為することである。音楽のコンサートにおいて、楽曲が演奏されたあと、自然に拍手が鳴り響き、「私」も一緒に拍手するときのことを考えてみよう。このとき「私」は、拍手をする前に、拍手するか、しないかを真剣に検討し、拍手することを意志しているわけではないだろう。もちろん、拍手に値する素晴らしい演奏だから、拍手しているのかも知れない。しかし、拍手する前にそうした自問自答をして、何らかの選択をしてから、拍手しているとは限らない。「私」は、自然と、いつの間にか、拍手を始めている――そう考えた方が、実態の説明として適切なのではないか。

では、そのとき「私」は、拍手することを強制されているのだろうか。もちろんそんなことはない。「私」は、自分の意に反して拍手しているのではない。拍手は、確かに、「私」がした行為である。しかし、だからといって、そこに意志があったとは言えないのである。この行為は、能動態なのだろうか、受動態なのだろうか。そのどちらでもうまく説明がつかないように思える。

同じような行為として、いじめを挙げることもできる。学校の教室でいじめが起こるとき、加害者となる生徒のほとんどは、明確な意志を持たずに、いじめに参加しているのではないか。もちろん、明確な意志を持つ生徒もいるだろう。しかし、それ以外の生徒は、特に何も考えず、なんとなく厄介なことに関わりたくないから、いじめられている生徒に積極的に話しかけることはないし、またその状況を根本的に解決しようとも思っていない——ただそれだけのことだろう。しかも、そのようにいじめに対して無関心であることを、意志しているわけでもないだろう。ただ何となく、いじめに関わらないようにしているだけなのである。

しかし、いじめは、まさにそのいじめに対して誰もが無関心であることによって、強化される。いじめを見て見ぬふりをすることは、それ自体が、いじめに加担することを意味する。たとえば、いじめられている生徒は、周囲の生徒たちが自分に対して無関心であること自体が、自分への攻撃のように感じるに違いない。

そうであるとしたら、いじめに加担することもまた、明確な意志なしに起こりうるが、しかし強制されているわけでもない行為である、ということになる。このような行為に、無理やり、能動態と受動態の二者択一を押し付ければ、私たちにはかえって出来事の実態が見えなくなってしまうのではないか。

中動態の概念

國分は、こうした、能動的でも受動的でもない行為を説明するアイデアとして、「中動態」という概念に注目する。

中動態とは、サンスクリット語や古典ギリシャ語に存在していた文法概念であり、能動態と対立しつつ、そのうちに受動態を包摂する概念である。國分によれば、それは、行為者が行為のプロセスの中にいるような行為の様態を指している。彼はその定義を、言語学者のエミール・バンヴェニストに拠っている。

能動態においては、動詞は、主辞に発して主辞の外で行なわれる過程を示す。これとの対立によって定義されるべき態であるところの中動態では、動詞は、主辞がその過程の座であるような過程を示し、主辞の表わすその主体は、この過程の内部にあるのである。[2]

重要なのは、能動態か中動態か、という区分が、外部か内部か、という対比によって説明されていることだ。ここでもやはり、意志は能動態に該当する。なぜなら、ある行為を意志することは、その行為をすることもしないこともできる立場から、つまりその行為の外部から、その行為を選択することであるからだ。一方、そうした意志を欠いているなら、その行為の様態は中動態である。ただし、だからといってそれは、何かに強制されているということを意味するとは限らない。

國分は中動態の例として、「欲する」という動詞を挙げる。古典ギリシャ語において、この動詞は中動態でしか使われていなかった。たとえば、「私は欲する」という文は、現在の文法概念に従って考えるなら、能動態だと見なされる。しかし、古代において、この文はあくまでも中動態として見なされていた。つまり、能動態だとは見なされていなかったのだ。

なぜなら、何かを欲しているとき、「私」はその行為の外部に立って、「欲する」ことを選んでいるわけではないからだ。たとえば「私は食べることを欲する」とき、「私」は、「食べることを欲する」こと自体を、自分で選んでいるわけではない。何かを欲することは、自然と湧き上がってくるものだからである。それは、「私」が望むと望まざるとにかかわらず、「私」に生じてしまう出来事なのである。

したがって、何かを欲することは能動態ではない。現代の感覚では不思議に感じられるが、少なくともバンヴェニストの定義では、そうなる。しかし、だからと言って、それが受動態であるということにもならない。何かを欲するのは、それを欲するよう、誰かに無理やり強制されていることを意味するわけではないからだ。欲するという行為は、能動態ではなく、かといって受動態でもない、中動態として理解されるべきなのである。

欲すること以外にも、中動態として説明されるべき行為はたくさんある。たとえばその一つが、空気を読んで周囲に同調する行為である。

前述の通り、人は、いじめようという明確な意志を持たずに、いじめに加担することがありうる。そのとき人は、ただなんとなく空気を読んで、他者をいじめる。そうした行為は、能動態でも受動態でもない。それはむしろ、中動的な行為として理解されるべきだ。すなわち、なんとなくいじめに加担する人は、いじめという行為のプロセスの内部におり、いわばいじめに飲み込まれるようにして、いじめに加担しているのである。

こうした概念の枠組みを前提にするとき、前章において検討された、ナチスドイツの密告制度のもとで虐殺に加担した人々は、どのように理解されるのだろうか。國分の思想に従うなら、その行為もまた中動態であった、ということになるだろう。なぜならそうした人々は、深く思考することなく、なんとなく周囲に同調して虐殺に加担していたからだ。かといって、密告は法的な義務ではなかったのだから、人々はそうした加担を強制されていたわけでもなかった。したがってその行為は、能動態でも受動態でもない行為として、理解されなければならないのである。

意志の事後遡及的成立

こうした國分の思想はアーレントと衝突する。彼女は、虐殺に加担した人々があくまでもその責任を負うべきである、と考えていた。しかし、虐殺への加担が中動態なら、そこには意志が欠けていたことになる。意志が欠けているなら、行為者に対して、その行為の結果に責任を要求することはできない。なぜならその行為の責任は、行為者にはない、ということになるからだ。そうであるとしたら、なぜ、虐殺に加担した人々に対して、責任を要求することが可能になるのだろうか。

こうした問題をめぐって、國分は興味深い主張をしている。すなわち私たちは、たとえ中動的になされた行為であっても、それを後から、能動的な行為として事後的に修正してしまうのである。そうした修正がなされるとき、行為は、最初から能動的だったものとして、説明し直される。つまり、事後遡及《そきゅう》的に、後から時系列を遡るようにして、行為の様態が書き換えられてしまうのだ。

虐殺に加担した人々は、そのときには、意志を持っていなかった。しかし、出来事がすべて終わった後で、その行為を道徳的に評価されるとき、あたかも最初から意志を持って虐殺に加担していたかのように、行為の様態が修正されるのである。そうした事後遡及的な修正によって、人々は、本当だったら虐殺に加担しないこともできたのに、あえて、虐殺に加担することを選択したかのように、解釈される。本当はそんな選択は起きていなかったのに、実際にはそのとき選択が行われていた、と、後から見なされるのだ。

しかし、なぜ、そのように行為の様態が事後遡及的に修正されてしまうのだろうか。國分によれば、それは、その人々に責任を負わせるためである。ここで彼は責任概念の常識的な発想を完全に転倒させている。前述の通り、常識的には、意志に基づいてなされた行為に対して、責任が要求されると考えられている。しかし彼は、このような考え方は虚構である、と主張する。むしろその実態として起きていることは、私たちが責任を負わせたいと思っている人々に対して、その責任を負わせることを正当化するために、その人々の行為を、意志に基づいて行われたものとして修正する、ということなのである。國分は言う。「人は能動的であったから責任を負わされるというよりも、責任あるものと見なしてよいと判断されたときに、能動的であったと解釈される」。[3] あるいはまた、彼は次のようにも説明している。「意志を有していたから責任を負わされるのではない。責任を負わせてよいと判断された瞬間に、意志の概念が突如出現する」。[4]

國分は、このように行為の様態を事後的に訂正することで成立する責任を、「堕落した責任」と呼んでいる。なぜ、それは堕落していると評されるのだろうか。それは、この責任概念が、結局のところ欺瞞に基づいているからだ。彼は次のように述べる。

> 意志の概念を使ってもたらされる責任というのは、じつは堕落した責任なのです。本当はこの人がこの事態に応答するべきである。ところが、応答するべき本人が応答しない。そこで仕方なく、意志の概念を使って、その当人に責任を押しつける。そうやって押しつけられた責任だけを、僕らは責任と呼んでいるのです。

そうであるとしたら、虐殺に加担した人々に責任を要求したアーレントは、暗黙のうちに、こうした「堕落した責任」を前提にしてしまっていた、ということになる。

同様に、こうした概念の枠組みに従うなら、強い責任もまた堕落した責任として捉えられる。なぜならそれは、自己責任論において典型的であるように、自分が選択したことの結果を、自分で引き受けることを要求する概念だからである。しかし、私たちは、そもそも何かを選択することなく、かといって何かに強制されることなく、行為することがありうる。そうした行為の結果に強い責任が求められるとき、私たちは、行為の様態の事後的な修正という、ある種の捏造《ねつぞう》を被ることになるのだ。

堕落した責任の逆説

ただし、たとえそれが「堕落した責任」であったとしても、それが責任概念として有効に機能するなら、何の問題もない。しかし國分によれば、堕落した責任は、かえって人間が自分の責任を引き受けることを妨害することにもなりうる。彼は次のように説明する。

僕の書いた『中動態の世界』がオープン・ダイアローグを考えるうえでたいへん参考になると考えてくださった方々がいらして、関連のシンポジウムに呼んでいただき講演した際、最後の質疑応答で、「私は犯罪の加害者なんです」と前置きされてから感想を述べてくださった中年の男性がいらしたんです。僕はその講演で、「自由意志というのは存在しません」という話をしたんですが、その男性はその話を聞いていて、涙してしまったと言うのです。そしてこんなことをおっしゃいました。「自分はずっと罪の意識を持たなければならないと思ってきたけれども、それがどうしてもうまくできなかった。ところが講演を聞いていて、自分ははじめて罪の意識を感じた。自分が悪いことをしたと感じた」とおっしゃったんです。[6]

おそらくその方は「お前は自分の意志で犯罪を犯したのだ」と周囲から言われ続けてきたのでしょうし、自分でもそう思っていたでしょう。だから、むしろ逆に「自由意志など存在しない」という話を聞いて、意志が免罪されたときに、逆に自分が犯した罪を引き受けようとする責任感が生まれたのではないか。そう思ったんです。[7]

國分の前に現れたこの男性は、「お前は自分の意志で犯罪を犯したのだ」と言われ続けてきた。しかし、実際には、その男性が罪を犯したのは、自分の意志ではなかったかも知れない。そうであるにもかかわらず、男性は、あたかも最初から自分の意志で罪を犯したかのように、行為の様態を訂正されたのである。周囲の人々が、この男性に責任を負わせようとしたからだ。國分はそう解釈する。

この男性は、そうした意志の事後的な修正を、自分でも信じようとした。それは、良心の呵責《かしゃく》として、彼の心を苦しめ続けていたに違いない。そうした彼に対して、國分は意志の存在を否定した。それによって、彼ははじめて、自分が自分の意志で罪を犯したわけではない、ということを受け入れることができた。たしかに犯罪を犯しはしたが、それを意志したわけではなかった。彼は、國分の話から、そうした自分を認めてもらえたように感じたのである。

興味深いことに、このように「免罪」されることによって、この男性はかえって自分の行為に向き合えるようになった、という。もしも、男性が自らの意志に基づいて罪を犯したわけではないなら、その行為の結果に対して、男性が責任を負う必要はなくなるはずだ。この男性には、「そんなことは自分がやったことではない」と、居直ることもできたはずだ。しかし、そうはならなかった。むしろ、免責されることによって、はじめて自分の責任を引き受けられるようになった、というのである。

しかし、そうであるとしたら、その責任は堕落した責任とは一線を画したものであるはずである。なぜならそれは、行為の意志を前提としない責任概念であるからだ。それはいったい何なのだろうか。

第一義的な責任

私たちは、ある行為を意志したから、その行為の結果に責任を負うのではない。ある行為の結果に責任を負わなければならないから、その行為を最初から意志していたことにさせられるのである。このように、捏造された意志に基づいて要求される責任は、堕落した責任である。

そうであるとしたら、その、堕落した責任に先行する責任、第一義的な責任とも呼ぶべき責任概念は、いったい何なのだろうか。國分はそれを、責任という概念に含まれる「応答」の契機に注目して、次のように説明する。

責任（レスポンシビリティ）は応答（レスポンス）と結びついている。応答とはなんだろうか。それは返事をすることだが、返事をするといっても応答において大切なのは、その人が、自分に向けられた行為や自分が向かい合った出来事に、自分なりの仕方で応ずることである。自分なりの仕方でというところが大切であって、決まり切った自動的な返事しかできていないのならば、その返事は応答ではなくて反応になってしまう。[8]

國分はここで、「応答」を「反応」から区別している。この場合の反応とは、決まりきった仕方で、ただ自動的に返事をしているだけである。彼の考えでは、それでは責任を果たしたことにはならない。「自分なりの仕方で」相手に応じるとき、それははじめて応答になるのである。

それでは、なぜ、自分なりの仕方で応答することが、第一義的な意味での責任になるのだろうか。國分は、『論語』の「義を見てせざるは勇無きなり」という言葉を引き合いに出しながら、その理由を次のように説明している。

> 誰に頼まれたわけでもない。しかし、何か自分はやらなければならないという義を感じる。その義に応じようとするとき、人は義に対して応答していることになります。
>
> 責任というのはこのような「義の心」のことではないでしょうか。自分が応答

するべきである何かに出会ったとき、人は責任感を感じ、応答する。これがそもそもの責任という言葉の意味ではないでしょうか。[9]

すなわち責任とは、義に対して、自分なりの仕方で応答することである。それが、堕落した責任に対して先行する、本来的な責任であると、彼は考えるのである。國分は、こうした応答的な責任について、これ以上の詳しい説明をしていない。しかし、筆者はこの説明は不十分であると考えている。

第一に、國分が言う「義」とは何か、ということが、不明瞭である。おそらくそれは道徳的な規範を指している。しかし、どのような規範が、義として承認されるのだろうか。國分はそうした義の条件を明確にしていない。それが示されなければ、応答的な責任の妥当性を批判的に吟味することはできない。たとえば私たちは、ナチスドイツのイデオロギーは義になりえない、と考えるに違いない。しかし、そうした判断が可能であるためには、それに先立って、何が義になりえ、何が義になりえないのかが、明らかにされなければならない。

第二に、「応答」はあまりにも多義的な概念である。私たちは、ある要求に直面したとき、いったい何をしたら応答することになるのだろう。その要求を実現すれば、それは応答だろう。しかし、その要求を拒否することも、やはり応答だろう。それどころか、その要求を無視することさえも、要求に対して答えているということになる。むしろ、何かを要求されたら、私たちには応答することしかできない。極端な話をすれば、義を無視することも、義を蔑ろにすることも、義に対する応答なのである。それが認められないとしたら、望ましい応答と望ましくない応答を区別することができなければ、わざわざ応答という概念を持ち出す意味がない。しかし、國分はそうした区別について何も論じていない。

以上の点を鑑《かん》みると、國分の言う応答的な責任は、それに対する相応の補足を設けなければ、実用的な概念ではない。いっそのこと、責任という概念はそもそも成り立たない、と言い切ってもらった方が、彼の思想としては首尾一貫しているようにさえ思える。

「強い責任」を乗り越えられるか？

以上において、中動態の概念を中心として、國分の責任論を概観してきた。改めて、その思想が本書の文脈においてどのような意味を持つのか、強い責任をめぐる議論にどのような新しい視点を提供しうるのかを考えてみよう。

強い責任は、國分の概念区分に従うなら、堕落した責任として理解されるだろう。彼の主張が正しいとしたら、強い責任は基本的には欺瞞である。なぜなら、私たちはほとんどの場合、何らかの明確な意志に基づいて行為をしているわけではないからだ。

おそらくそれは、強い責任に対する、もっとも強固な批判になるだろう。もしも私たちが、強い責任の概念をあくまでも擁護しようとするなら、こうした國分の批判に対して、有効な反論を提示することができなければならない。すなわち、ある行為が中動態ではなく、能動態であると言えるような論拠を、示すことができなければならない。

事実、これは現代の倫理学において、行為論と呼ばれる領野における、もっとも重大なテーマである。私たちは、なぜ、どのような意味で、自らの意志に基づいて行為していると言えるのだろうか。それに対して、多くの哲学者が、実に様々な解決策を提示しようとしてきた。しかし、その議論の決着はいまだについていない。

残念ながら、本書にはそうした議論の詳細を解説する余裕はない。しかし、少なくとも、一般的に信じられているよりも、強い責任は容易に擁護できるわけではないことは確かだ。そう指摘するに留めておこう。

ただし、こうした強い責任に対する有力な代替案を、國分が提示できているようには思えない。彼が述べる第一義的な責任——すなわち、応答的な責任は、理論的にはまだ完成されていない、と評さざるをえない。

それだけではなく、この責任概念は、ある面では依然として強い責任の特徴を継承してさえいる。その特徴とは、「責任のある者」と「責任のない者」を区別するということ、そしてそのようにして、責任の主体を排他的に捉える、ということである。

彼の提示する第一義的な責任は、義に対して自分なりの仕方で応答する責任であった。彼はその責任を説明するとき、「自分なりの仕方で」という点を強調していた。そこには、責任の主体に対してあくまでも単独性を求める傾向が、つまり責任の主体を他者との関わりから切断し、孤立させる傾向が示唆されている。しかしそれは、第二章で論じた通り、自分の行為を批判的に吟味する思考を、人間から遠ざける事態にもつながりかねない。

それだけではない。第一章で述べた通り、強い責任の排他的な性質は、特定の人々や集団を免罪するための方便として利用される。國分のいう第一義的な責任が、こうした排他性を帯びるのだとしたら、それもまた免罪のためのロジックとして、恣意的に使われてしまうかも知れない。「あの人は、あの人なりの仕方で、義に対して応答する責任がある、したがって、それ以外のすべての人々には、応答する責任がない」。そうした仕方で、人々の無責任さを助長する恐れがあるのだ。

排他性の克服

最後に次の疑問について一瞥《いちべつ》しておこう。私たちは先ほど、あるシンポジウムで國分の前に現れた、犯罪加害者の事例を取り上げた。なぜ、彼は自分の責任を引き受けられるようになったのだろうか。

その理由は、その男性が、意志を持って罪を犯したわけではないと認めてもらえたからだ――國分はそのように解釈していた。実際、それはそうかも知れない。しかし、筆者は別の見方をすることもできると考えている。すなわち彼は、自分の犯罪が自分だけのせいではないということを知ったことで、他者から切断され孤立した状態から、脱出することができたのではないか、ということだ。

強い責任は人間を孤立させる。この男性は、「責任のある者」として定義されることで、それ以外の「責任のない者」から排除され、他者との関係性から絶たれていた。それによって彼は孤独の中に置かれていた。その孤独が彼の心を苛んでいたのではないだろうか。

それに対して、もしも彼の犯罪に意志が伴っていないなら、その犯罪の原因が彼だけに帰せられる理由は何もない。彼が置かれていた環境、人間関係、人生が、そうした犯罪へと彼を駆り立てたということになる。そのように、自らの責任を再解釈することで、彼は、再び自分が置かれた状況との接点を取り戻し、他者との関係性のなかで、自分を理解できるようになったのではないか。

そしてそれは、決して、自分の責任から目を逸《そ》らすことを意味しない。その男性は、そうした再解釈を経ることで、初めて、自分の責任と向かい合うことができるようになったのだ。強い責任の排他性を解消することが、責任を引き受けることを可能にする。そのように考えることも可能なのである。

そうであるとしたら、私たちが強い責任の代替案を構想するとき、乗り越えなければならないのは、責任の主体に課せられる排他性なのではないか。「責任のある者」と「責任のない者」を分断せず、他者との関係性のなかで引き受けられる責任概念こそが、強い責任の抱える問題を乗り越える手がかりになるのではないか。

次章では、そうした手がかりを提供してくれるであろう、もっとも有力な哲学者の一人を紹介しよう。ハンス・ヨナスである。

1 國分功一郎『中動態の世界：意志と責任の考古学』医学書院、二〇一七年
2 エミール・バンヴェニスト「動詞の能動態と中動態」『一般言語学の諸問題』岸本通夫他訳、みすず書房、二〇二二年、一六九頁
3 國分功一郎『中動態の世界：意志と責任の考古学』医学書院、二〇一七年、二六頁
4 前掲書、二六頁
5 國分功一郎・熊谷晋一郎『〈責任〉の生成：中動態と当事者研究』新曜社、二〇二〇年、一一九頁
6 前掲書、四五―四六頁
7 前掲書、四六―四七頁
8 前掲書、四―五頁
9 前掲書、一一八―一一九頁

第四章　傷つきやすさへの配慮

「責任のある者」と「責任のない者」を分断し、排他性を帯びざるをえない「強い責任」は、それが立脚する理論的基盤が脆弱《ぜいじゃく》であるにもかかわらず、私たちから思考を奪い、時として暴走する。それが、本書がこれまで明らかにしてきたことだ。

もしも、こうした強い責任に偏重することを避け、かつ、社会に無責任さがはびこることを免れようとするなら、私たちは、何らかの代替案を構想する必要がある。いわば、強い責任に並ぶ、もう一つの責任概念を考えなければならない。では、そこに求められる条件とは、いったい何だろうか。

本書は第二章において、その手がかりが、責任の対象を焦点とすることのうちにある、と示唆した。強い責任は、「誰が責任を負うのか」ということばかりを強調する。その結果、「誰に対して責任を負うのか」という視点は、重要ではなくなってしまう。そしてそれは、虐殺に加担することさえも、責任ある行動であるかのように理解することを、可能にしてしまう。

だからこそ、私たちは発想を逆転させるべきだろう。すなわち、「誰に対して責任を負うのか」という点から、責任概念を語り直してみよう。それによって、強い責任とはまったく異なるロジックで、もう一つの責任概念を導き出すことができるのではないか。

このような観点から責任を論じた哲学者として挙げられるのが、ハンス・ヨナスである。本章では、ヨナスの責任論を手がかりに、強い責任への代替案として、「弱い責任」の可能性を模索してみたい。

駅でひとり泣く子どもに遭遇したら

議論への導入として、次のような思考実験をしてみよう。

あなたは職場に向かうために駅を歩いている。朝のラッシュアワーで人が殺到している。あなたは、窮屈な思いをしながらも、人の流れに乗って改札を通り、ホームへと向かう。しかし、ふと、そこにいつもと違う光景があることに気づく。構内の片隅で、小さな子どもがうずくまって泣いているのだ。周りに親らしい人はいない。大人たちは誰も気にすることなく、その子どもの前を通り過ぎる。

あなたは気にかかり、人の流れから抜け出して、その子どもの前で膝を折る。そして、「どうしたの、お父さんとお母さんはどこにいるの」と声をかける。それに対してその子どもは、両親とはぐれてしまった、とあなたに伝える。

このような状況に遭遇してしまったとき、あなたはどんな行動をとるべきだろうか。もちろん、あなたは通勤途中であって、職場に行かなければならない。だから、「ああそう、無事に再会できるといいね」と言って、その場を立ち去ることもできる。しかし、あなたはそうするべきだろうか。おそらく、そんなことをしようとすれば、強く後ろ髪を引かれるような気持ちになるのではないか。

多くの人は、このような状況に遭遇すれば、この子どもを何らかの形で助けなければならない、という責任を感じるだろう。反対に、このような子どもを目撃したにもかかわらず、この子どもを放置して立ち去ることは、無責任だと感じるだろう。

しかし、なぜあなたはこの子どもに対して責任を負うのだろう。もしも、あなたのせいでこの子どもが泣いているのなら、当然、あなたにはこの子どもを保護する責任がある。それは一つの強い責任である。しかし、そうした意味での責任は、あなたにはない。あなたがその子どもを両親から引き離したわけではないからである。たとえ、あなたがその子どもの前を何もせずに通り過ぎたとしても、それが犯罪になることはないだろう。それでもあなたはきっと、この子どもへの責任を感じる。それはなぜなのだろうか。

考えられる理由は、次のようなものだ。すなわち、もしもあなたがその子どもを助けなければ、その子どもの身に危険が及ぶかも知れないからである。その子どもは誰かに連れ去られるかも知れない。その子どもは間違った電車に乗り、帰れなくなってしまうかも知れない。そして、その状況においてその子どもを助けることができるのは、あなたしかいない。

このとき子どもは、自分が置かれた状況に独力で対応することができず、危険が身に迫っている弱い存在である。それに対して、あなたはこの子どもを保護する力を持っているのであり、その意味で、少なくともその子どもよりは強い存在である。おそらく、この状況そのものが、あなたに対して子どもを保護する責任を課すのである。

重要なのは、あなたがそれまでにどんな選択をしてきたか、ということではない。あなたが出会ってしまった子どもが、傷つきやすさを抱えた他者である、ということなのだ。

他者の傷つきやすさへの気遣い

ヨナスによれば、責任とは、単に意志に基づく行為の帰結に対して要求されるものではない。彼は、主著『責任という原理』のなかで、責任を次のように定義している。

> 責任とは、義務として承認された、他者の存在への気遣いであり、それはその他者の傷つきやすさの脅威に際しては「憂慮」になる。[1]

責任とは、「傷つきやすい他者」に対する気遣いであり、憂慮である。彼はここで責任を、誰の責任であるかという観点からではなく、誰に対する責任であるのか、という観点から説明している。では、そうした他者への責任が生じるのは、「私」とその他者がどのような関係にあるときだろうか。彼の説明をさらに見てみよう。

> それに対して責任があるところのもの〔傷つきやすい他者〕――それは、私の外にありながら、私の力の及ぶ範囲内にあり、私の力に委ねられていたり、私の

力に脅かされていたりする。その対象は、私の力に対して、それ自身の存在することへの権利を突きつけてくる。この権利は、その対象が何であり、または何でありうるかということから、立ち現れてくる。[2]

ヨナスの考え方に従うなら、「私」が他者に対して責任を負うのは、その他者が「私」の力に委ねられているときである。ここで重要なのは、「私」のせいで、「私」が原因で、その他者が「私」に委ねられていることが必要なのではない、ということだ。たとえ「私」になんの過失もなく、単なる偶然によって、他者が「私」の力に委ねられるのだとしても、やはり「私」はその他者に責任を負うのである。

たとえばその典型が、前述のような、泣いている子どもと遭遇してしまったような状況だ。あなたは自分で選んでその子どもと遭遇したわけではない。しかし、一度遭遇してしまった以上、あなたはその子どもに対して責任を負う。なぜなら、その子どもはあなたの力に委ねられ、あなたが何もしなければ、身に危険が及ぶ弱い存在であるから、つまり傷つきやすい他者であるからだ。

この意味において、ヨナスの責任概念は、責任の主体の意志ではなく、責任の対象の傷つきやすさから、責任を説明するものである。責任は、責任の主体が何を意志しているかに関わりなく、対象と主体の間に力の格差が生じているときに、成立する。そうした責任の対象の「模範」として挙げられるのが、子どもに他ならない。なぜなら、子どもは、大人によって保護されなければ存在することのできない、傷つきやすい存在だからである。ヨナスは言う。「責任のありかとは、生成の海につかり、可死性に委ね渡され、消滅の脅威に震える存在である。乳飲み子はこのことを模範的に示している」。[3]

責任の代理可能性

本書がこれまで検討してきた強い責任と、ヨナスの責任概念の間にある最大の違いは、次の点にある。すなわちヨナスの定義に従うなら、重要なのは傷つきやすい他者を気遣うことであって、その他者に責任を負う主体は原理的に誰であっても構わない、ということだ。

たとえば先ほどの事例においては、たまたま、あなたがその子どもを助けることになった。しかし、その子どもを助ける責任を負うのは、あなたでなくてもよかったはずだ。あなたではない別の誰かが、その子どもの存在に気づき、足を止めていたら、その誰かがその子どもへの責任を負っていただろう。あなたがその子どもに責任を負った、ということは、あなたが「責任のある者」で、それ以外のすべての人間が「責任のない者」になることを意味するわけではない。むしろ、ヨナスの考えでは、こうした「責任のある者」と「責任のない者」の区分そのものが、意味をなさないのである。

したがって、彼の責任概念において、責任の主体は排他性を帯びない。そして、それが含意しているのは、「私」の責任を他者に委ねることさえ可能である、ということだ。

たとえば、駅で子どもに声をかけたあなたは、そのあとどのように行動するべきだろうか。当然、あなたはその子どもに、「駅員さんに相談してみよう。きっとお父さんとお母さんを見つけてくれるよ」と言い、一緒に駅員のもとへ向かうだろう。そして、その子どもの事情を駅員に説明し、子どもを預けるだろう。そして、子どもと別れ、職場へと向かうだろう。

このときあなたは、自分の責任を駅員に委ねている。そして、駅員に委ねた後、あなたはその子どもへの責任から解放される。責任はあなたから駅員へと移行したのだ。そのようにして、あなたは「責任のある者」ではなくなった。しかし、だからといって、世間からこの行動が無責任だと批判されることはないだろう。それはなぜだろうか。

ヨナスの責任概念に従って考えるなら、その理由は次のように説明できる。つまり責任とは、「他者の傷つきやすさ」への気遣いであって、そうした気遣いが果たされるなら、気遣う者は誰であっても構わない。右の事例において、もっとも重要なことは、責任があなたにあるということではない。子どもの身の安全が守れることなのだ。そしてそれを果たすために最善の行動が、自分の責任を他者に委ねることであるならば、あなたはそうするべきであるし、むしろそれこそが責任ある行動として評価されるのである。

反対に考えてみよう。もしもあなたが、その子どもへの責任を独力で果たそうとしたら、どうなるだろうか。あなたはその子どもと一緒に両親を探すかも知れない。運よくすぐに見つかれば、それでもいいかも知れない。しかし、もしかしたら、いつまでたっても両親が見つからず、時間ばかりが過ぎていくかも知れない。あなたは会社に遅刻するが、それもこの子どもへの責任だと思って、子どもと一緒にいてしまう。あなたはその子どもを長時間連れ回すことになる。やがて夜が来るが、それでも両親は見つからない。やがて終電の時刻も過ぎる。あなたはきっと、駅員から何をしているのかと問いかけられるだろう。事情を説明すれば、間違いなく、あなたは犯罪者であることを疑われ、通報されるだろう。あるいは、運よく駅員の目に留まらなかったとして、「今日はもう遅いからうちに泊まっていきなよ」などと言おうものなら、それは弁解の余地なく未成年者略取にあたるだろう。

このような行動は、むしろ、無責任だ。なぜなら、あなたにはその子どもを独力で守る力がないのに、独力で守ろうとし、結果的にその子どもの身に危険を及ぼしているからである。重要なことは、子どもが守られることであり、あなたが一人で守ることではないのである。

「弱い責任」の基礎

ヨナスの責任概念は排他的ではない。たとえ「私」に責任があるのだとしても、その責任を独力で全うする力がないなら、「私」はむしろ他者を頼るべきである。つまりこの考え方は、責任の主体に対して、その責任を一人で全うすることができない可能性を許容するものなのだ。本書はここに、「弱い責任」の基本的な考え方があると考える。

こうした弱い責任は、強い責任に対して補完的な作用をする、と考えられる。再び、ナチスドイツにおける全体主義的な支配体制を思い起こしてみよう。当時の体制においては、虐殺に加担することが責任ある行動であり、それに加担しないことは無責任だった。しかし戦後には評価が逆転し、虐殺に加担した人々は無責任であり、加担しなかった人々こそが責任を自覚していた、と見なされた。こうした情勢の変化を前にするとき、強い責任に基づいて考えるなら、何が責任ある行動であり、何が無責任な行動かは、行動それ自体からは特定できない。

それに対して、弱い責任の観点を導入すれば、こうした問題を解決できる。すなわち、それが、傷ついた他者を守るものであれば責任ある行動であり、そうでなければ無責任である、と考えることが可能になるのだ。たとえばこの場合、虐殺に加担することは、明らかに弱い立場に置かれた人々を傷つけることになるのだから、無責任である。
この点に関係すると思われる、ヨナス自身のエピソードを一つ紹介しよう。第二次大戦中、ドイツからパレスチナへと渡っていた彼は、英国のユダヤ旅団グループの一員として対ドイツ戦線に赴き、兵士として戦闘に従事した。終戦後、ドイツへ向かうためにイタリアを通過しているとき、ウディーネという町で地元の住民から感動的な話を聞いたという。戦時中、イタリア国内ではナチスドイツのゲシュタポが監視網を敷いていたが、その目をかいくぐって、教会が非合法にユダヤ人を匿《かくま》ったり、住民たちが食糧や寝具を支援したりしたというのだ。[4]

当然、それらはすべて非合法な行為であり、もしも露見すれば住民たちに危険が及ぶことは明らかだった。しかし、そうした危険を顧みない努力によって、多くのユダヤ人が救われたのである。

後年、ヨナスはこのエピソードを美しい記憶として繰り返し回想している。それは、弱い立場に置かれた人々を連帯しながら守ろうとする試みであり、この意味において、弱い責任を全うする行動だと見なすことができるだろう。

ただし、注意するべきことがある。弱い責任は、決して、愛ではないということだ。

責任と愛が両立することはあるかも知れないが、ヨナスは両者をあくまでも区別する。私たちは子どもに対して責任を負う。しかしそれは、その子どもを愛しているからではない。あなたがその子どもを助けるのだとしても、そのとき、あなたがその子どもを愛しているとは限らない。言い換えるなら、たとえ愛していない相手であっても、その相手があなたの力に委ねられているのなら、あなたはその相手を守らなければならないということだ。

この意味において、責任の対象となる他者は、「私」にとって、必ずしも望ましい存在であるとは限らない。他者に責任を負うことが、必ずしも幸福であるとも限らない。あなたは、駅構内で子どもと出会ってしまったことを、「面倒なことに巻き込まれてしまった」と思うかも知れない。しかし、そう思うことと、その子どもを守らなければならない、という責任を感じることとは、両立するのである。

責任の動機は、愛や幸福——すなわち、「私」にとっての価値——ではない。そうした利害関心を超えたところで、責任は成立するのである。ヨナスは、ここに人間の「自由」を洞察する。すなわち人間は、傷つきやすい他者と出会い、その他者への責任を引き受けるとき、自らの私的利害に囚《とら》われることなく行動するのであり、その意味において、自由になるのだ。そのように自由に行動できる者こそが、責任能力を持つ者である。したがって、自由と責任は密接に連関する。

　ただしここで言われている自由は、強い責任において前提とされるような、意志に基づく選択という意味での自由ではないことに、注意しよう。弱い責任にとって、意志は本質的に重要ではない。そうではなく、自分の利害関心を超えて、愛しているわけでもない他者に対して、それでもその他者を守らなければならないと思えるときにこそ、人間は自らの自由を発揮していると言えるのである。

存在論的責任

　ここまで、ヨナスの思想の基本的な発想を確認してきた。さらに深く彼の責任論の構造を明らかにするために、再び、最初の事例に戻って考えてみよう。駅で子どもを見かけたあなたは、その子どもを保護する責任を負う。しかしあなたにはその責任を独力で果たす力がない。だから、あなたはその子どもを駅員に預ける。それがこの状況におけるあなたの責任ある行動である。

このとき、あなたが負っている責任を細かく分析すれば、そこには次のような二つの種類の責任が混在していることが分かる。

第一に、子ども自身を保護する責任である。すなわち子どもに声をかけ、安全なところに移動させ、安心させる責任である。それと同時に、その子どもへの責任を果たしてくれる他者を探す責任もまた、そこには介在している。これが第二の責任だ。つまり、駅員がどこにいるかを特定し、そこまで移動し、駅員に事情を話す責任である。

第二の責任は、第一の責任を目的にしている。その意味で両者は重なり合っている。しかしそこには違いもある。なぜなら第二の責任は、子ども自身を保護する責任であるというよりも、誰かがその子どもを保護してくれる状況を確保することへの責任であるからだ。

本書は、こうした第二の意味での責任を、責任の可能性への責任と呼ぶことにしよう。責任と、その可能性への責任は、基本的には常に同時に成立する。「私」が他者に責任を負うとき、「私」は、自分がその他者に責任を負うことができる、ということに対しても、責任を負うのである。

「責任の可能性への責任」は、次のような、あまりにも当たり前の事実を前提にしている。すなわち、たとえ、誰かに守られるべき傷つきやすい他者がいても、その他者を守ることができる誰かが存在しなければ、その他者は誰からも守られない、ということだ。そうした誰かが存在できるようにすること、それが責任の可能性への責任である。ここからヨナスは、「責任が存在するという可能性が、すべてに先行する責任」である、と主張する。

ヨナスは、こうした責任の可能性への責任を、「存在論的命令」と呼ぶ。わかりにくい言い方だが、「存在論的」という言葉が意味しているのは、さしあたり、「責任が成立するための条件として」、ということである。それに対して、具体的な他者に対する直接的な責任を、彼は「個別的命令」と呼ぶ。先ほどの区分に従うなら、第一の責任が個別的命令であり、第二の責任が存在論的命令に相当する。彼は両者の関係を次のように説明している。

> この存在論的命令は、それ自身は名付けられないままに留まる「第一の命令」であり、その先のあらゆる命令に〔…〕含まれている。〔…〕この命令は、常に個別的命令に承認されながら、あらゆる個別的命令の共通の前提として、個別的

命令の背後に存しているのである。[6]

ヨナスによれば、存在論的命令は、すべての個別的命令のうちに「含まれている」。言い換えるなら、個別的命令は、存在論的命令を「共通の前提」として常に承認している。さらに言い換えるなら、存在論的命令が反故《ほご》にされるなら、その前提が失われるのだから、個別的命令もまた反故にされざるをえない、ということになる。

私たちは、他者の傷つきやすさに対して責任を負う。それと同時に、誰かがそうした他者に責任を引き受けられることに対しても、責任を負う。その二重性がヨナスの責任論の構造である。そしてここに、「弱い責任」のもっとも重要なポイントがある。もう少し詳しく考えていこう。

自己への配慮

個別的命令は存在論的命令を前提とする。このこと自体は、存在論的命令が、責任の可能性への責任であることを顧みれば、論理的には当然である。では、なぜヨナスは、わざわざそんなことを強調し、概念化しているのだろうか。

それは、私たちには、存在論的命令を反故にしながら、個別的命令を果たそうとすることが、起こりうるからだ。しかし、それでは責任を果たしたことにはならない。だからこそ、そうした事態を回避するために、彼は存在論的命令という概念を提起しているのである。それでは、存在論的命令を反故にしながら個別的命令を果たそうとする事例とは、具体的にはいったいどのようなものだろうか。

たとえば、次のような状況が考えられるだろう。駅で泣いている子どもと出会ったあなたが、すぐに駅員を頼らず、その子どもと一緒に両親を探そうとする。やがて夜がきて、終電がなくなり、駅構内には誰もいなくなってしまう。あなた以外の大人が誰もいなくなったことを確認してから、「ごめんね、もう帰るから、あとは一人で頑張ってね」と言い残し、あなたがその子どもを駅構内に置き去りにして、一人で家路に就く。

このとき、あなたは紛れもなく無責任だ。しかし、それが無責任であるのは、あなたが子どもを置いて家に帰ったからではない。あなたが、誰もその子どもを助けることができない環境に、その子どもを置いたままにしたからである。もちろんあなたは帰っていい。しかしそのためには、あなたの代わりに、誰かがその子どもを保護しなければならない。あなたは、最低限、自分の代わりに責任を負うことのできる他者を見つけ、責任を委託しなければならない。そうであるにもかかわらず、大人が誰もいなくなってから子どもを置き去りにしたあなたは、そうした責任の委託を放棄しているのである。

あなたが子どもを保護することは個別的命令である。それに対して、あなたの代わりに子どもを保護してくれる誰かを探すことは、存在論的命令である。存在論的命令が果たされなければ、個別的命令も果たされない。その子どもは、次に運よく面倒を見てくれる人と出会えるまで、極めて危険な状況に晒され続けることになるのだ。

とはいえ、これではあまりにも非現実的な状況だと思われるかも知れない。もう少し、現実に起こりうる例で考えてみよう。

あなたが一人で幼い子どもを育てているとしよう。あなたには配偶者がなく、仕事と育児をたった一人で担っている。あなたは、自分の子どもを何としても一人で守り抜かなければならないと思っているし、その子どもの将来のために、できる限りの貯金をしようとしている。そのため、睡眠時間を削って仕事と家事と育児をし、疲労を極めている。ある日、限界を迎えたあなたは、体調を崩してしまい、入院することになってしまう。それによって、子どもの面倒を十分に見ることができなくなってしまう。

　この例でも、あなたは存在論的命令に違反していることになる。なぜなら、あなたが入院してしまったら、あなたの子どもを守ることができる人は、誰もいなくなってしまうからだ。だからといって、このことは、あなたが限界を超えてもなお入院することなく、仕事と家事と育児に追われ続けるべきだ、ということを意味するわけではない。あなたは他者を頼るべきなのだ。すべてを一人で背負うことを諦め、第三者の力を借りるべきなのだ。そのことによって、子どもを守れるように、自分自身をケアするべきなのだ。

　ヨナスの責任概念は、あくまでも他者の傷つきやすさに定位したものである。しかし、その責任は、同時に、責任を負う主体自身を配慮する責任も伴う。それが存在論的責任である。ただしそうした自己への配慮は、あくまでも、対象である他者を配慮するために、責任の主体が責任の主体としての能力を維持するために、求められるのである。

だから、一人親であるあなたは、自分の子どもを守るために、他者を頼るべきだ。自分自身をケアし、自分の好きなことをし、リラックスできる時間を確保するべきだ。それはあなたのためではなく、子どものためなのだ。親が自分をケアするのは、親のエゴイズムではなく、子どもへの責任の一部なのだ。反対に、ボロボロになるまですべての問題を抱え込み、何もかもに一人で対処しようとすることは、かえって、無責任なのである。

未来への責任

さて、以上のようにして、存在論的命令と個別的命令を区別するヨナスは、ここから、より大きな規模の問題へと議論を進めていく。存在論的命令とは、誰かが傷ついた他者に対して責任を負えることへの責任だった。言い換えるなら、傷ついた他者に対して、誰も責任を負えなくなる状況を、私たちは回避しなければならない。

そうした状況がより大きな規模で生じることもある。その例として挙げられるのが、戦争や気候変動といった事象だろう。これらの出来事は、人間に対して、責任の主体であることを不可能にするからである。

たとえば、駅構内であなたが泣いている子どもと遭遇したとしても、そのとき近郊で戦闘が起きていたらどうだろう。駅の周辺がミサイル攻撃に遭っていたらどうだろう。人々は逃げ惑い、誰も他人のことになど構っていられないだろう。その子どもを保護する余裕など誰にもないだろう。子どもはその場で命の危機に晒され続けることになるだろう。

気候変動もまた同様の問題を喚起する。地球温暖化が進行すると、貧困が蔓延したり、自然災害が激甚化したりする。そのとき、人間は自分が生き延びることで精一杯になり、他者に対する責任を引き受ける余裕など持てなくなる。したがってこうした問題に対して無関心であることは、それ自体が存在論的命令への違反なのだ。

もっとも気候変動は、現在だけに限定されることなく、未来の世代にまで影響する問題である。現在の私たちの些細《ささい》な行為の蓄積が、数十年後、数百年後になって、極めて破局的な事態を引き起こすからだ。そうである以上、存在論的命令は現在だけに閉じられたものではなく、未来へと開かれたものでなくてはならない。つまり、未来においても、誰かが傷ついた他者に責任を負えるよう、私たちは責任を負わなければならないのである。ヨナスは次のように述べる。

> 責任能力を所有するということは、事例ごとに移り変わる行為の諸対象への義務をもつ、ということである。しかし、それ以外に、責任能力それ自身は、同時に責任能力を自らの対象にもする。それによって、責任能力の所有は、この世界に責任が現前することの存続を義務付ける。この現前は、責任能力をもつ被造物〔人間〕の現実存在と結びついている。したがって責任能力は、それ自身において、責任のその都度の担い手に対して、未来の担い手が現実存在することが可能であることを義務付ける。責任に内在する命令は責任がこの世界から消えてはならないと語る。これに基づいて、未来の人間は存在すべきなのだ。[7]

存在論的命令は未来世代への責任を基礎づける。それは、ヨナスにとって、論理的に導き出される必然的な帰結である。「責任能力」、すなわち傷ついた他者を気遣うことができる、という能力は、「同時に責任能力を自らの対象にもする」。言い換えるならそれは、そうした能力がこの世界から失われないよう気遣わなければならない、という責任を、私たちに課す。この責任を果たすために、未来においても、責任の主体が存在しなければならず、そうした条件が失われないよう配慮しなければならないのだ。

責任の引き継ぎ

このことは、責任を誰かに「引き継ぐ」こととしてイメージすると、分かりやすいかも知れない。

駅で泣いている子どもと遭遇したあなたは、その子どもを保護する責任を、駅員へと引き継ぐ。しかし、責任を引き継ぐということは、自分の後にも誰かが責任を負うことができる、という状況を前提にしなければならない。この意味において、責任の引き継ぎは、それが可能であるような未来の状況への責任を含意しているのだ。私たちは、責任を引き継ぐことができる未来を守る責任を、負っているのである。

このことは、ヨナスにとってあらゆる責任の模範であった、子どもへの責任のあり方にも影響を与える。なぜなら子どもとは、大人にとって未来を生きる存在であり、やがては責任の主体として、現在世代の責任を引き継ぐ存在になるからだ。そうであるとしたら、子どもへの責任において、存在論的命令と個別的命令は相互に規定し合うことになる。

未来への責任は、未来の世代が責任の主体として存在できることへの責任であり、言い換えるなら、そうした人々が責任能力を持って存在できることへの責任だった。責任能力には、私的利害に囚われることなく、傷ついた他者に対して手を差し伸べることができること、そうした自由が求められる。したがって未来への責任は、未来の世代が自由であることへの責任に他ならない。

そうであるとしたら、未来を生きる存在である子どもに対する責任も、その自由を尊重するものでなければならない。このことは、大人による子どもへの責任の内実を、制限するものとして機能する。大人は子どもよりも強い。両者の間にある非対称的な力関係が、責任を成立させる条件である。しかし、このことは、だから大人が子どもを支配し、自分の思うままに管理してよい、ということを意味しない。それはあくまでも未来における子どもの自由と両立するものでなくてはならないのだ。ヨナスは次のように述べる。

> まさに全体的な意味での責任とは、規定的な態度をとるよりはむしろ、可能にしてあげるという態度〔…〕をとることが許されるということである。責任の対象が固有の未来を持っていることが、責任のもっとも本来的な未来という側面である。責任が最高の仕方で果たされるのは——責任はあえてそれを試みることができるのでなければならないのだが——、その成長の世話をしてはきたが、まだ成長を終えたわけではないものの権利を認めて、潔く身を退くことである。[8]

ヨナスはここで、子どもへの責任のあり方を「可能にしてあげるという態度」として説明している。子どもは自分の「固有の未来」を持っている。子どもがどんな大人に成長するのか、その過程のなかで何を望み、何を得ようとするのかは、事前には予測できない。大人が、どんなに「こういう風に育ってほしい」と望んでいても、子どもにはそれを裏切り、まったく違う人間になることができる。そうした可能性こそが、自由の源泉なのである。

「強い責任」と「弱い責任」

以上において、ヨナスの責任論の全体像を概観してきた。ここから、本書が提案したいと考えている弱い責任の基礎的な構造を、改めて整理しておこう。

強い責任は、誰に責任があるのかを強調する。そのとき責任の主体は、他者に頼ることなく自分一人で責任を果たすべき存在として、いわば「強い」存在として捉えられる。それに対して弱い責任は、誰に対して責任があるのか、ということを強調する。そこでは、責任の主体が誰であるか、ということは大きな問題ではない。したがって、一人一人の人間が独力で責任を果たせるということは、弱い責任の必要条件ではない。だからこそこの責任概念は、独力で責任を果たせない「弱い」存在を、責任の主体として包摂することができる。

弱い責任を重視するなら、誰の力も借りることなく、一人で責任を果たそうとすることは、むしろ無責任である。もしもその責任が主体のキャパシティを超えており、主体がその過程で責任を果たす能力を失ってしまうなら、結果的に、他者の傷つきやすさへの責任は果たされなくなってしまうからだ。そうであるならば、むしろ私たちは、責任を果たすために、あるいは責任を果たせるよう自分自身をケアするために、他者を頼るべきであり、外部に助けを求めるべきである。

たとえば、前述のような一人親の事例について考えてみよう。強い責任に基づいて考えるなら、子どもを育てるために他者を頼ることは、むしろ無責任であるということになるだろう。なぜなら、子どもを産んだのは紛れもなくその親であり、そうである以上、子どもを養育する責任は親にあるからだ。そして、親に責任があるなら、親以外のすべての人間には、その子どもを養育する責任はない。親が第三者を頼ることは、自分の責任を、本来は責任がない第三者になすりつけることを意味する。だからそれは無責任だと見なされうるのである。

それに対して、弱い責任に基づいて考えれば、評価は逆転する。子どもへの責任は、その子どもを産んだ親だけにあるのではない。その責任は——少なくともヨナスの哲学に従えば——すべての人間にある。傷つきやすい子どもへの責任を免れることができる大人など、一人として存在しない。だからこそ、親が子どもの養育について第三者に助けを求めたとき、周囲の人々は、その親を助けなければならないのだ。そして、そのように他者に助けを求めることは、むしろ親としての責任ある行動として、賞賛されるべきなのである。

第一章で紹介した、強力な自己責任論者であるサッチャーは、他者に手助けを求めることを無責任だと主張した。ヨナスならそうは言わないだろう。私たちは他者の傷つきやすさを配慮する責任を負う。第三者に手助けを求めることは、決して恥ずかしいことでも、無責任なことでもないのだ。

こうしたヨナスの責任論は、弱い責任の理論的な基礎として位置づけられるに値する。ただし、彼の哲学だけですべてが十分に説明できるわけではないだろう。たとえば彼の哲学からは、責任の主体もまた何らかの形でケアされなければならない、という帰結が導き出される。しかし、それが具体的にどのように行われるべきか、という具体的な指針を、彼が詳細に説明しているわけではない。それが明らかにされなければ、弱い責任をどのように政治的・社会的に実践すればよいのかは、不明瞭なままになってしまう。

次章では、そうした責任の主体自身へのケアのあり方について、また、そうしたケアが可能であるために社会がどのように設計されるべきかについて、エヴァ・フェダー・キテイの思想を手がかりに、考察していこう。

1　ハンス・ヨナスの『責任という原理』について、著者が既存の邦訳とは大きく異なる形で訳出することになった箇所もある。以下では、原典における引用箇所とともに、（　）で既存の邦訳におけるその対応箇所を示す。Hans Jonas, *Das Prinzip Verantwortung. Versuch einer Ethik für die technologische Zivilisation*, Suhrkamp, 2003, S. 391（ハンス・ヨナス『責任という原理：科学技術文明のための倫理学の試み』加藤尚武監訳、東信堂、二〇〇〇年、三八六頁）

2　ibid., S. 175（一六五頁）

3　ibid., S. 242（二三〇頁）

4　ハンス・ヨナス『ハンス・ヨナス「回想記」』盛永審一郎他訳、東信堂、二〇一〇年

5　Hans Jonas, 2003, S. 186（一七六頁）

6　ibid., S. 187（一七六頁）

7　Hans Jonas, *Philosophische Untersuchungen und metaphysische Vermutungen*, Insel, 1997, S. 137–138

8　Hans Jonas, 2003, S. 198（一八八頁）

第五章　ケアの連帯

ヨナスは、「責任の可能性への責任」こそが、第一の責任であると考えた。私たちは、目の前の他者に対してだけではなく、誰かがその他者への責任を引き継いでくれることにも、責任を負う。彼はそれを未来への責任として説明する。同時に、私たちは自分が責任を引き受けられる状態であることにも責任を負う。この意味において他者への責任は、自分自身への配慮をそのうちに含んでいるのである。

本書は、このようなヨナスの哲学のうちに、「強い責任」を補うもう一つの責任概念、「弱い責任」の理論的な基礎を見出した。責任の主体が別の誰かを頼ることは、その責任を引き受けることと、決して矛盾しない。しかし、両者はどのようにして両立するのだろうか。誰かを守りながら、同時に別の誰かに頼ることは、どのようにして可能になるのだろうか。

ケアの倫理の思想家として知られる、エヴァ・フェダー・キテイは、この問題に対して次のように答えるだろう。すなわち、それは連帯によって可能になる。責任が成立するためには連帯が必要である。なぜなら、傷つきやすい他者を守ろうとする私たち自身もまた、傷つきやすい存在であるからだ。

本章では、そうしたキテイの思想を読み解きながら、責任の主体同士の連帯について考えてみたい。

「ハインツのジレンマ」

ケアの倫理とは、二〇世紀の後半に現れた、比較的新しい倫理学の潮流である。その思想が説明されるとき、よく取り上げられる思考実験に、「ハインツのジレンマ」という問題がある。簡単に説明すれば、次のようなものだ。

ある町でハインツという男が妻とともに暮らしている。ある日、妻は重篤な難病に罹《かか》ってしまう。町の薬局にはその病気に有効な薬が置いてある。しかし、あまりにも高額であるため、ハインツには薬を買うことができない。薬がなければ妻は遠くない未来に死んでしまう。このとき、ハインツはどのように行動することが道徳的に正しいのだろうか。

ハインツが取ることのできる選択肢は、大きく分ければ、二つある。一つは薬を買わずに妻が死ぬのを黙って見ていること。もう一つは、薬局から薬を強奪し、妻を助けることである。前者の選択肢を取れば、家族の命を犠牲にすることになるが、法律は犯さないで済む。後者の選択肢を取れば、家族の命を救う代わりに、法律を犯すことになる。

実はこの問題では、どちらを選んでも、その選択を正当化するそれらしい論拠を、一応説明できる。前者を選ぶ場合、その論拠は次のようなものになる。すなわち、自分の家族の命を助けようとすることは、ハインツにとっての私的な目的に過ぎない。もしも、そうした私的な目的を果たすために、誰もが法律に違反したら、社会は成り立たなくなる。したがって、たとえ自分の家族の命を助けるためであっても、法律に違反することとは許されない。

一方、後者を選ぶ場合、次のようにその選択を正当化することができる。すなわち、客観的に考えれば、薬局が薬を失うことの経済的な損失よりも、人間が命を落とすことの損失の方が、大きい。したがって、ハインツが妻の命を助けたということは、薬局が強盗に遭ったという損失を上回る価値を持っている。彼は、妻の命を助けた後で、法の裁きを受ければいいだけの話である。

両者は、最終的な答えこそ異なるものの、その答えを支える論拠が、何らかの普遍的な原則に基づいて説明されているという点では、共通している。前者は、法律を犯してはならないという原則から、後者は、客観的な価値の最大化を目指すべきであるという原則から、選択を正当化している。結局のところ問題なのは、この二つの原則のうち、どちらがより正しいのか、ということでしかない。

原則に基づいて説明するということは、個別の状況を無視するということだ。たとえば、前者の選択をするとき、法律を犯してはならないという原則に従うなら、誰がどんな状況で法律を犯すかは、そもそも問題にならない。強盗をしたのがハインツであり、それが妻を助けるためである、ということは、論証の正否に影響を与えない。後者を選択する場合でも同様である。ハインツが助けようとする妻がどんな人物なのか、ハインツが法の裁きを受けた後で家庭がどのような影響を受けるか、ということは、そもそも問題にならない。

このように、何らかの原則に基づいて道徳的な問題を解決しようとすると、私たちはその問題が置かれている具体的な状況を無視してしまう。だからこそそうした解決策は、個別の状況を超えた、普遍的な妥当性を説明しうるのだ。伝統的な倫理学では、こうした原則に基づくアプローチが重視され、当事者の置かれている個別性は軽視される傾向にあった。

ケアの倫理の視点

ケアの倫理に先鞭をつけた心理学者のキャロル・ギリガンは、この「ハインツのジレンマ」について、興味深い報告をしている。[1]

彼女はある日、一一歳の男児と女児にこの問題を問いかけた。すると、男児は右に述べたような原則に基づく説明をしたという。ところが、それに対して女児は、男児とは異なる態度を示した。彼女は、原則に基づいて論理的に答えを導こうとせず、この問題を前にしてひたすら戸惑う様子を示したのである。

妻を死なせることなんてできない。そんなことをしたらハインツが辛すぎる。しかし、だからといって強盗をすることも許されない。もしも強盗をして妻が助かったとしても、ハインツが逮捕されて刑務所に入れられたら、病気の妻はハインツと離れ離れになってしまう。妻は、自分を助けるためにハインツが法を犯したことを、後悔するかも知れない。なんとか、ハインツが強盗をするのではなく、しかし薬を入手する方法はないのだろうか。たとえば、薬局の人を何とか説得して、薬の代金を後払いにしてもらうとか――そのように逡巡《しゅんじゅん》し始めたのだ。

結局、女児には答えを導き出すことができなかった。そもそも彼女は、思考実験の条件を無視して、誰も傷つかない解決策を考え出そうとした。しかし、この思考実験が有効に機能するのは、ハインツが妻を助けるには強奪する以外ない、という条件が設けられていることであり、それを無視してしまったら、この思考実験を行う意味自体がない。そうであるとしたら、こうした女児の態度は、伝統的な倫理学の枠組みで捉える限り、普遍的原則に従った思考に欠けたものとして、道徳的に劣ったものとして評価されざるをえない。

しかし、ギリガンは、こうした女児の態度をむしろ擁護しようとする。そして、彼女が道徳的に劣っていると見なされるなら、そうした伝統的な倫理学の枠組みそのものが、むしろ狭隘《きょうあい》なものではないか、と指摘する。

確かに女児は答えを導き出すことができなかった。しかしそれは、彼女が原則に囚われることなく、ハインツが置かれていた状況を具体的に想像し、その個別性に基づいて、彼とその妻に共感しようとしたからである。それに対して、男児はそうした想像力を働かせなかった。彼は当事者に共感しようとはしなかった。ただ、原則に基づいて論理的に答えを導き出しただけである。それはまるで、数学の計算を解く作業であるかのようである。

それでは、私たちの日常生活において、女児のように他者への想像力や共感を抱く人は、道徳的に劣っていると見なされるだろうか。もちろんそんなことはない。場合によっては、原則に基づいて論理的な解を導き出そうとする男児よりも、女児のような人の方が、はるかに道徳的だと見なされるかも知れない。

ギリガンによれば、伝統的な倫理学においては、他者に対する想像力と共感が不当に軽視されてきた。しかしそれは私たちの日常的な道徳の実践から乖離《かいり》した発想である。彼女はこうした観点から、女児の逡巡のうちに示されているような、具体的な他者への思いやりを「ケア」と呼び、ケアに立脚した倫理が構想されるべきだと訴えたのである。

キテイのケア論

子どもへの気遣いは、ギリガンのいう「ケア」の典型だろう。私たちが子どもと接するとき、何らかの原則に基づいて、数学の問題を解くように、子どもへの接し方を判断しているわけではない。子どもに対して何をするべきか、どんな言葉をかけるべきか、ということは、その子どもがどんな個性の持ち主なのか、どんなことを願っているかによって、左右される。子どもを気遣うためには、その子どもが置かれた具体的な状況を想像し、その子どもに共感できなければならない。だからこそ、そうした気遣いはケアなのである。

しかし、一方で、ケアは人間にとって労苦でもある。前章で取り上げた例を再び思い出してみよう。あなたが一人親で、子どもを独力で育てようとしている。そのときあなたはその子どもにケアをしようとしていることになる。しかし、仕事・家事・育児のすべてを引き受けようとした結果、あなたの心身はボロボロになる。あなたはその子どもをケアするべきかも知れない。しかしそれは、あなたに自己犠牲を強いることになるかも知れない。

このような問題に対して、一つの解決策を提示したのが、キテイである。彼女は、哲学者であると同時に、重い知的障害を持つ娘をケアし、生活をともにしてきた母親でもある。その経験が、彼女のケアの倫理の思想にも色濃く反映されている。

彼女はまず、伝統的な倫理学において前提とされてきた、「自律性」を人間の条件として捉える発想に対して、鋭い批判を向ける。そうした発想に従うなら、自分のことを一人でこなせることが、一人前の人間の証《あかし》である、ということになる。それに対して、自分のことを一人でこなすことができず、他者に頼ってしまう人は、まだ一人前ではない、と評価される。自律性が人間の条件であるとしたら、他者への依存は、人間としての不完全さの証になってしまう。

しかし、こうした主張はそもそも正しくない。なぜなら、人間は、幼いときには必ず他者の力を借りなければならないし、老衰して死ぬ間際にも、やはり他者の力を借りなければならなくなるからだ。したがって「依存は、文化的にそれがどう考えられるかによっておおよそ条件づけられるとはいえ、出生と死が生きる者すべてにもたらされる限り、どうしても避けられない」[2]ものである。それを否定することは、もはや、人間の存在そのものを否定することを意味するのではないだろうか。

このような観点から、キテイは、そもそも人間は他者に依存する存在である、ということを、議論の前提に据える。人間は、ほとんどすべての人が誰かに依存しているのであり、同時に、誰かから依存されている。もし、誰にも依存せず、誰からも依存されていない人がいるとしたら、その人は極めて特殊な境遇に置かれていると理解されるべきなのだ。純粋に自律的に生活している人——そんな人が本当にいるかどうかさえ疑わしい——が、自分こそが「普通」だと思い込むなら、その人は端的に事実を誤認しているのである。

そうであるにもかかわらず、自律性こそが人間の条件であると見なされるとき、誰かに依存し、誰かに依存されている人の存在は社会から覆い隠され、あたかもそんな人は存在しないかのように扱われてしまう。そうした状況が、ケアに追われることでボロボロになった人を、さらに追い詰めることになるのである。

ケアする人の二次的依存

それでは、このように自律性への偏重を批判するキテイは、ケアの倫理をどのように説明するのだろうか。彼女によれば、「依存者の世話をする仕事」は「依存労働」[3]として理解されるべきである。彼女がケアのための具体的な作業をわざわざ労働と呼んでいるのは、それがケアの主体にとって、紛れもなく大きな負担であるからだ。依存労働に従事する人——すなわち他者をケアする人——は、多くの場合、社会的に不利な状況に追い込まれている。

たとえば、ここに一人の女性がいるとする。この女性は、結婚して子どもを授かったことをきっかけに、それまで就いていた仕事を辞め、育児に専念した。彼女はケアする人、依存労働者になった。その際、仕事を辞めたことによって、配偶者に対し経済的に依存することになってしまう。母親として子どもをケアする彼女は、配偶者に離婚されると、非常に不利な状況に陥る。そのため彼女はもはや配偶者と対等な立場で交渉することができない。

このようにして、依存労働者は、誰のこともケアしないで済んでいる人、自律的に生活できる（かのように振る舞う）人に対して、自分自身も依存することになるのだ。キテイはその状態を「二次的依存」と呼ぶ。

交渉上不利な立場にあるということは、二次的依存の状態にあることを指し、依存労働者自身が依存状態にあるといえる。協調的対立において、依存労働者がどれほどまで我慢するかを決める際、依存労働者が次の二つについてどう認識しているかが重要になる。まず、自分自身と依存者を支え依存関係を維持するのに必要な外部の資源に、どれほどアクセスできると考えているか、次に、自分を道徳的にも社会的にもまっとうだと思うために、依存者との関係を持続するのがどれほど重要だと思っているか、である。[4]

この点において、キテイはケアという行為を、極めてシビアに捉えていることが分かる。依存労働者は、自分がケアしなければならない人を守るために、他者に対して依存状態に陥る。「外部の資源」が乏しく、また「依存者との関係」をどうしても守らなければならない場合には、依存労働者は、自分が依存している他者に対してどこまでも「我慢」を強いられることになる。たとえばそれは、幼い子どもをケアする母親が、パートナーに対して多くのことを我慢せざるをえない状況に他ならないのだ。

では、いったいどうすれば、依存労働者の二次的依存を解消することができるのだろうか。キテイが訴えるのは、「外部の資源」を充実させることに他ならない。そしてそれは、社会が公正であるために必要不可欠な条件である、と彼女は主張するのである。

公正な社会の条件

依存労働者が、自らを消耗させることなく他者へのケアを果たすためには、十分な外部資源が必要である。そうした外部資源は、社会保障として、依存労働者に公正かつ持続的に提供されなければならない。そうした社会保障を前提としなければ、私たちが健全に他者をケアすることなど不可能なのである。

こうした発想は、強い責任の思想からは出てこない。第一章で述べた通り、サッチャーは、「社会などというものは存在しない」と述べ、自己責任に基づく自助努力を称揚した。その考え方に従うなら、自分で子どもをもうけた親は、その責任を自分で取らなければならない。社会がそうした親に経済的な支援をしなければならない理由はない。そのような社会において、親は、外部資源を頼ることができなくなり、二次的依存から抜け出せなくなる。配偶者に不満があっても、それを我慢し続けなければならなくなる。この意味において、強い責任は他者へのケアの可能性を、むしろ閉ざすものになる。

しかし、強い責任を擁護する者は、そうであって然《しか》るべきだ、と主張するだろう。そもそも社会保障とは税金の再配分である。依存労働者に対して与えられる外部資源は、誰かが支払った税金で賄《まかな》われる。このとき、税金を支払った人は、自分のために使われることのないお金を、依存労働者のために支払っていることになる。それは、税金を支払う人への搾取であり、正義に反するのではないか——これは、いわゆる、リバタリアニズムに代表される考え方である。

キテイは、こうした反論に応答するために、政治哲学者のジョン・ロールズの理論を応用している。彼女の議論を再構成するために、まず、このロールズの政治哲学を一瞥しておきたい。

リバタリアニズムでは、正義とは、何よりも各人の自由を侵害しないこととして説明される。裕福な人から税金を徴収し、それを貧しい人のために再配分することは、裕福な人がそのお金を稼ぐために費やした時間が、貧しい人のために奪われることを意味する。それは、裕福な人の時間を奪い、その時間にできたはずのこと、つまり自由を奪っていることになる。したがって社会保障は正義にかなっていない。リバタリアニズムの理屈ではそうなる。

しかし、ロールズはこのような考え方に与《くみ》しない。彼はむしろ、裕福な人は、裕福になれる環境にいるからこそ、裕福になれたのだと考える。それに対して、貧しい人は、貧しくならざるをえない環境に置かれているからこそ、貧しくなってしまったのだ。

たとえば、裕福な家庭に生まれた子どもは、親から十分な教育の機会を与えられることで、自らも裕福になれる可能性が高い。それに対して、貧しい家庭に生まれた子どもは、親から教育の機会を与えられない可能性が高く、就業のチャンスを制限され、貧困から逃れられなくなるリスクも高くなる。そのように考えるなら、裕福な人と貧しい人は、そもそも同じように機会を与えられているわけではない。貧しい人が貧しいままでいることは、そもそも不公正なのである。ロールズは、この不公正を解消しない限り、正義にかなった社会は実現しない、と考える。

このような観点から、ロールズは公正な社会制度として、社会のなかでもっとも不利な状況に置かれ、乏しい機会しか与えられていない人を、社会が保障しなければならない、と指摘する。彼は、そのように保障されるべき資源を、「基本財」と呼び、それを次のようにリスト化している。

一．基本的な権利と自由（思想の自由と良心の自由）
二．移動の自由と職業選択の自由
三．権威と責任のある職務と地位に伴う権力や特権
四．所得と富
五．自尊の社会的基盤[5]

キテイは、このように社会が基本財を保障するべきである、というロールズに、基本的に賛同する。ただし彼女は、彼のこのリストが不十分であると指摘する。なぜならそこには、彼女が問題視している、依存労働者への眼差しが欠けているからだ。ロールズは、あたかも、他者から依存されることなく生活している個人を念頭において、基本財を構想しているかのようである。しかし、依存労働者には、そうした人とはまったく違うニーズがある。そのニーズが無視され、基本財として保障されなければ、結局、依存労働者の置かれている環境は改善しない。したがって、ロールズの基本財のリストは、依存労働者を包摂するものとして、修正されなければならないのだ。

ケアの代理可能性

それでは、具体的に、基本財のリストはどのように修正されるべきなのだろうか。キテイはそれを三つの観点から説明する。

ケアへの関与を反映するならば、リストは次のように表現されていただろう。(1)もし自分が依存しはじめたなら、ケアしてもらえるだろうという理解、(2)もし依存者をケアする仕事をしなくてはならないのならば、必要な支援が得られること、(3)もし自分が依存しはじめたなら、自身に依存している人々をケアする仕事を誰かが引き受けてくれるという保証。ロールズによれば、私たちは、基本的自由、移動と職業選択の自由、権力や特権を伴う職務につく権利、収入や富さえも所有する権利がある。しかし、私たちが依存しはじめたときにケアされるであろうという保証はない。私たちが依存者をケアする仕事を引き受けざるをえないときに、その仕事に対する十分な支援を受けられるだろうという保証はない。[6]

第一の点は、「私」自身がケアされることを必要としたとき、誰かが「私」をケアしてくれることの保証である。「私」は、そうした保証を信頼することができなければ、安心して人間らしく生きていくことができない。また、第二の点は、「私」が依存労働者として他者のケアをすることになったとき、そのケアに必要な支援が受けられることの保証である。そうした保証がなければ、前述の通り、依存労働者は不利な条件で生活することを余儀なくされる。

興味深いのは第三の点である。すなわち、「私」が依存労働者として他者をケアしているとき、その「私」自身に何かがあったとき、「私」だけではなく、それまで「私」がケアしていた他者を、「私」以外の誰かがケアしてくれることの保証である。

たとえば、あなたが一人親で、子どもを育てているとき、もしもあなたに何かがあったときに、あなたの子どもをケアしてくれる他者がいなければ、あなたは極めて過酷な状況で育児することを余儀なくされる。あなたは、「もしも自分が倒れたらこの子も共倒れになってしまう」と思い、追い詰められた気持ちになりながら、仕事・家事・育児に消耗することになるだろう。そして、たとえあなたの心身に異変が生じ、体調に黄色信号が灯るとしても、あなたはそれを無視して生活を維持し続けるだろう。その子どもをケアできるのは、あなたしかいないからである。しかし、そんな綱渡りのような生活が、いつまでも続くはずがない。あなたはいつか、再起不能の状態に陥るだろう。そしてそれによって、あなたの予想通り、あなたの子どもも共倒れになるだろう。

そうした事態を回避するためにこそ、自分に何かがあったとき、代わりに子どもをケアしてくれる誰かが存在しなければならないのである。そうしたセーフティーネットがなければ、私たちには、安心して他者をケアすることができないのだ。

こうしたキテイの発想は、前章で検討したヨナスの思想と、ある意味でよく似ている。ヨナスは、他者の傷つきやすさに定位した責任概念に基づいて、責任が可能であることへの責任を最優先していた。それは、誰かが他者に責任を負える状況を維持することへの責任に他ならない。そのとき、誰が責任の主体であるかは本質的に重要ではない。そこに示唆されているのは、「私」の責任を他者に委託したり、他者と共有したりすることを可能にするような、責任の捉え方である。

同様に、キテイもまた、「私」がしているケアは他者によって代理可能である、と考えている。そうした代理可能性が、翻って、「私」が他者をケアすることを可能にするのだ。「私」の他にも代わりはいる。そう信じられるからこそ、「私」は目の前の他者をケアできるのである。

こうした考え方の前提になっているのは、今は他者をケアしている主体が、いつ他者からケアされなければならない状況に陥るか分からない、ということである。「私」は明日には交通事故に遭って身体が不自由になるかも知れない。突然、病気を発症して、後遺症が残るかも知れない。リスクは日常生活のいたるところに溢れている。そうした、私たち自身の潜在的な弱さ、傷つきやすさを前提にしているからこそ、キテイは、依存労働者に対する社会保障を、ケアの条件として捉えるのである。

「ドゥーリア」の理念

ケアを可能にする社会保障とは、見方を変えれば、誰もがケアを必要とすることになっても構わないよう、社会全体で互いをケアし合うコミュニティを実現するものである。キテイは、そうしたコミュニティのあり方を、「ドゥーリア（doulia)」という概念によって説明している。

ドゥーリアはキテイによる造語である。その言葉の元になっている「ドゥーラ(doula)」は、母親に対して出産に関するアドバイスやサポートを行う女性を指す。ドゥーラは、母親の子どもをケアするのではなく、子どもをケアする母親をケアする存在である。彼女は、ドゥーラの果たす機能について、次のように述べる。

いま必要なのは、互恵性という考え方を拡大することであり、そうすることで、公正な社会における社会的協働に依存への関心を含めることのできる概念的余地を開くことである。私たちの考えをはっきりさせるために、乳児をケアする分娩後の母親の状況を考えてみたい。乳児は非常に手がかかり、出産の生理的負担も大きいため、母親は特に弱い状態にある。伝統的な文化や宗教では、この産前・産後の期間に注意を払うことがある。すなわち、母親が赤ん坊のケアをしなければならない間、母親自身のニーズや、母親にあてがわれていた他の家事や家族に対する義務を、誰か他の者が引き受けるのだ。ドゥーラをあてがう慣習をもつ文化や宗教もある。ドゥーラとは、分娩後の母親を援助するケア提供者のことであり、ときに母親を安心させてくれる人のことである。こんにちの合衆国では、家族は地理的に分散し、コミュニティのサポートも労働者の十分な休暇政策も不足しているのだが、ドゥーラという理念を取り入れる試みが芽生えたばかりである。母親に代わって赤ん坊の面倒をみる昔の「乳母」とはちがって、ドゥーラは母親が子どもの世話をしているときに、その母親をケアすることによって手助けをする。[7]

ドゥーラの大きな特徴は、それがケアの主体へのケアを担う存在である、という点にある。すなわちドゥーラは、母親の子どもをケアするのではなく、子どもをケアする母親をケアするのである。キテイは、こうしたドゥーラと母親の関係から、比喩的に、ケアの前提となる社会保障を実現する共同体のあり方を説明する。

> 依存労働者は自分が世話する人と互酬関係にあるのではなく、自身が被保護者を支えているのと同じように、彼女を支えている関係に権利がある。つながりにもとづく平等は入れ子状態になった一連の互酬的な関係と義務を生み出す。それは、この入り組んだ関係と義務によって支えられる社会的協働であり、私はこれをド

ゥーリア（*doulia*）と呼びたい。この用語は、出産し新たに母となって赤ん坊をケアする女性をサポートする人を指すドゥーラ *doula* をアレンジしたものである。[8]

したがってそれはケアの主体へのケアを担う存在に他ならない。彼女は、こうしたドゥーラによる協働に支えられた共同体のあり方を、ドゥーリアと呼ぶのだ。

言い換えるなら、ドゥーリアとは、ケアする主体へのケアを相互に交わし合う社会である。重要なのは、それがケアの主体とその対象との間の互酬性ではなく、ケアする主体同士の互酬性である、ということだ。

たとえば「私」が子どもをケアしているとき、「私」が互酬的な関係を取り交わすのは、「私」と同じように子どもをケアしている誰かとであって、子ども自身とではない。子どもをケアすることで、ケアしている自分がケアされることは、基本的にない。もちろん、子どもへのケアが何らかの喜びをもたらすことはあるだろう。しかしそれが可能であるためには、「私」は、自分がケアしている相手ではない別の誰かから、ケアされうるのでなければならない。少なくとも、必要が生じたときに、そうしたケアを受けられるという可能性を信じられるのでなければならない。

キテイが提唱するのは、依存労働者に対する社会保障を、母親に対するドゥーラの機能として理解する、ということだ。そして、ドゥーリアが互酬性を原則とする以上、そのように他者からケアを受けることができる「私」は、同時に、「私」と同じように、子どもをケアしている他者に対して、ケアをすることができなければならない。キテイによれば、「私たちが人として生きるためにケアを必要とするのと同時に、私たちは、他の人々――ケアの仕事をする人々を含む――が生きるのに必要なケアを受け取れるような条件を提供する必要がある」。[9] だからこそ、「私」は社会保障に対して何らかの寄与をしなければならないのである。

「弱い責任」と連帯

以上において、ケアをめぐるキテイの思想を検討してきた。ケアの倫理の文脈において、彼女の議論が特徴的なのは、次の点だろう。すなわちそれは、彼女がケアを、ケアする者とケアされる者の二者関係として捉えるのではなく、ケアする者自身が別の誰かからケアされることを要求する概念として、説明しているということだ。そうした、ケアする者自身へのケアは、ドゥーリアという社会的連帯によって、つまり社会保障の一つとして、実現されなければならない。

当然のことながら、ケアする者への社会保障は税金から拠出される。しかしそれは、ある種の慈善として再配分されるのではない。そうではなく、それはケアの条件として要請されるものなのだ。私たちが人間である以上、私たちはどんな社会においてもケアを必要としている。したがって、ケアする人への社会保障は、人間の社会が存続するための基礎なのである。

このような考え方は、弱い責任の理論にとって、極めて重要な示唆を与えるものだろう。第一章で検討した通り、強い責任は社会保障を否定する。それに対して、弱い責任は社会保障を前提とする。前章において示唆された、弱い責任から要請される存在論的命令は、ドゥーリアを理想とする連帯と協働の営みとして実践されなければならない。そして、責任がそうした連帯を必要とするのは、何よりもまず、責任の主体である私たち自身が「弱い」からである。

たった一人で他者に対する責任を果たすことなど、私たちには過大な要求だ。その責任を引き受けている間に、自分自身が壊れてしまわない保証など、何もない。責任を引き受けるということは、常にその可能性を前提にしなければならない。「私」が他者を守るとき、同時に、いつか「私」も誰かに守ってもらわなければならないほど弱ってしまうかも知れないということを、責任は常にそのうちに含んでいなければならないのだ。

強い責任は、責任の主体が一貫して独立した存在であることを前提にする。いつも健康で、自分のペースで生活することができて、何事においても首尾一貫した価値観のもとで判断し、行動できることを自明とする。

弱い責任は、そんなことはまやかしだと考える。そして、そうであるにもかかわらず、私たちには守らなければならない他者がいる。自分のことさえままならず、自分のことだけでも不安でいっぱいなのに、面倒を見なければならない他者が、私たちの前に現れる。だからこそ、弱い責任は、連帯を必要とするのである。

1 キャロル・ギリガン『もうひとつの声で：心理学の理論とケアの倫理』川本隆史他訳、風行社、二〇二二年

2 エヴァ・フェダー・キテイ『愛の労働：あるいは依存とケアの正義論』岡野八代他訳、白澤社、二〇二三年、七一頁

3 前掲書、七二頁

4 前掲書、九四頁

5 ジョン・ロールズ『公正としての正義　再説』エリン・ケリー編、田中成明他訳、岩波書店、二〇二〇年、一一三―一一四頁

6 エヴァ・フェダー・キテイ『愛の労働：あるいは依存とケアの正義論』岡野八代他訳、白澤社、二〇二三年、一九九―二〇〇頁

7 前掲書、二〇六―二〇七頁

8 前掲書、一三六頁

9 前掲書、二〇七頁

第六章　想像力と哀悼可能性

「弱い責任」において、私たちは他者の傷つきやすさを気遣い、その他者を守る。ただし、その責任を引き受ける「私」もまた、他者と同じように、傷つきやすさを抱えた存在である。だからこそ、他者への責任を引き受けるためには、「私」自身もまた誰かに守ってもらえると、信じることができなければならない。その意味において、弱い責任は他者との連帯を、具体的には社会保障への信頼を必要とする――それが、本書がこれまで明らかにしてきたことだった。

ところで、そのときの「他者」とは、いったい誰のことだろう。本書はこれまで、その問題に対してまったく触れてこなかった。しかし、配慮されるべき他者の定義、すなわち責任の対象の定義は、弱い責任を考えるうえで重要な課題である。なぜなら、もしもその定義が恣意的なものであったら、本来だったら配慮されるべき他者が、配慮される必要はないと、誤って判定されるかも知れないからだ。

そうした事態を回避するためには、責任の対象が明瞭に定義されなければならない。そして、その定義に鑑みて、もしも私たちが、本来だったら配慮されるべき他者の存在を見逃しているなら、私たちはその他者を配慮されるべきものとして認め、自らの考え方を修正しなければならない。しかし、そうした定義はどのように説明されるのだろうか。そして考え方の修正はどのように実現されるのだろうか。

本章では、こうした問題について、ジュディス・バトラーの哲学を手がかりに、考えていきたい。

責任の対象とは誰のことか

私たちは第四章で、駅の構内で泣いている子どもを、そうした他者の例として説明した。おそらくそれは多くの人々にとって納得してもらいやすいだろう。では、たとえばそれが、迷子になっている犬だったらどうだろうか。私たちは、その犬をも、傷つきやすさを気遣われるべき他者として、認めるべきだろうか。

筆者の感覚では、おそらく、犬であっても責任の対象になりうると、多くの人々は考えると思う。しかし、それでは昆虫ならばどうだろうか。微生物だったらどうだろうか。ウィルスだったらどうだろうか。そこまで範囲を拡張すれば、それがどれだけ傷つきやすさを抱えているのだとしても、責任の対象として認められないのではないか。

しかし、そうであるとしたら、責任の対象として承認される基準は、いったいどこにあるのだろう。私たちが、人間や犬に対しては責任を感じるのに、昆虫やウィルスに対しては責任を感じないことを正当化する論拠は、いったいどこにあるのだろう。

この問題を考えることが重要なのは、その回答が、駅の構内で泣いている子どもが、責任の対象として認められるべきである、という理由を説明できるか否かに関わってくるからである。もしも「いや、駅の構内で迷子がいても、その子どもは配慮が必要な他者なんかではない」と強硬に主張する人間が現れたとき、その迷子が責任の対象として認められるべき理由を説明できなければ、私たちは結局、その人を説得できない。

そうした人にとっては、駅構内の迷子を助けないことは、決して無責任なことではない。その迷子はそもそも配慮されるべき他者ではないからである。注意しなければならないのは、このような判断を下すからといって、この人が弱い責任を非難する立場にあるとは限らない、ということだ。むしろそれは、弱い責任の支持と、理論的には並立しうる。たとえばこの人が、弱い責任の支持者であり、傷つきやすい他者への責任を引き受けるべきだ、という発想を、全面的に肯定しているとしよう。それでもこの人は、駅構内の迷子を助けないことを、正当化できてしまう。

もしもこの人に対して、駅構内の迷子を助ける責任を引き受けさせようとするなら、この人に弱い責任の重要性を説いても意味がないだろう。この人は、弱い責任の重要性を、すでに完全に理解しうるからである。むしろ説明されるべきなのは、この人が立脚している、責任の対象の定義の狭さなのだ。

ここでは責任の対象の定義をめぐる重要な問題提起がなされている。私たちは、自らを取り巻く様々な他者たちを、責任の対象として傷つけられてはならない他者と、傷つけられても構わない他者へと、区分する。そして、後者にカテゴライズされた他者に対して、私たちが何もしなかったとしても、あるいはそれどころか、その他者を積極的に傷つけさえしても、その行為は無責任だとは見なされない。もちろん、その定義に何らかの妥当性があるならば、それ自体は問題ではないかも知れない。しかし、もしもそこに妥当な根拠がないのだとしたら、それは、私たちが本来なら配慮されるべき他者の存在を無視し、その他者への暴力に加担することに対して、私たちを道徳的に無抵抗にしてしまうのだ。

このように考えるとき、責任の対象の定義は、傷つけられてはならない他者と、傷つけられても構わない他者を分断するものとして機能するのである。

自己防衛の暴力

誰が傷つけられてはならない他者であり、誰がそうではないのか。その境界線は、私たちが思っているよりも、簡単に引き直されてしまう。

たとえば、私たちが目の前の相手を、配慮されるべき他者のカテゴリーから容易に排除する出来事として、自己防衛が挙げられる。つまり、自分が他者から攻撃されるとき、私たちはその他者に対して攻撃することを躊躇《ためら》わない、ということだ。

私たちは一般的に暴力が正しくないと考えている。しかしバトラーによれば、通例、そこには一つの例外が設けられる。それは、自分の身に危険が及んだときには、相手に暴力を振るっても構わない、ということだ。暴力は正当化されない、ただし、自分に暴力を振るう相手への暴力は正当化されるのである。

一見すると、こうした考え方は正しいように思える。しかしバトラーによれば、このロジックは、ただ単に暴力を正当化したいだけの人々によって、簡単に濫用され、収拾のつかない暴力の拡大を引き起こしてしまう。

彼女がその一例として挙げるのは、アメリカにおける白人警察官による有色人種への暴力である。彼女によれば、当地では頻繁に、無抵抗な有色人種の被疑者が射殺されている。そのような事件が起きる度に、加害者となった警察官は、被疑者が危険な行動に出る可能性があったという理由で、自らの行動を正当化する。つまり、自己防衛のために暴力を振るわざるをえなかった、と弁明するのである。しかし、そうした自己防衛が本当に必要だったか否かは疑わしい。バトラーによれば、そうした事件のうちのいくつかは、警察官に背中を向けて逃げる被疑者を、後ろから射殺しているのである。

それでは、なぜ、明らかに暴力を振るう仕草をしていなかった被疑者は、射殺されなければならなかったのか。それは白人警察官が、「有色人種は暴力を振るうに違いない」と、思い込んでいるからだ。そこには有色人種への偏見が潜んでいる。そして、その偏見によって被疑者が射殺されるなら、それは差別に基づく殺人なのである。

自己防衛は暴力を正当化する。そうした暴力は差別に基づいている。バトラーは、こうした暴力と差別の結びつきは、普通に考えられているよりも、はるかに根深いものであると考える。

自己防衛のための暴力が許されるとき、私たちは、暴力を行使してでも守られるべき者と、暴力を行使されても仕方がない他者を、区別する。バトラーは前者を「自己」と呼ぶ。それは厳密に個人としての「私」を指すとは限らない。「自己」は、場合によっては「私」の家族であったり、友人であったり、何らかの性質を共有する集団であることもあるだろう。私たちは、自己防衛のために暴力を行使するとき、「自己」と他者の間に、傷つけられてはならないものと、傷つけても構わないものの線を引く。そして、一度《ひとたび》、相手を傷つけても構わないと線引きできれば、良心の呵責に苛《さいな》まれることなく、相手を見捨て、殴り、突き飛ばし、殺すことができるようになる。

相互依存と傷つきやすさ

自己防衛のための暴力が差別に基づいているのだとしても、それは仕方ないことだ——そう考える人もいるかも知れない。バトラーによれば、このような主張は、「自己」をそれ以外から区別することが可能である、それどころか、「自己」以外の人間が存在しないのだとしても、「自己」は「自己」として成立しうる、ということを前提としている。彼女はこうした発想を個人主義と呼ぶ。それは、本書の関心に引き付けるなら、強い責任が立脚する近代的な人間観と重なり合うものだろう。

しかし、バトラーは、こうした個人主義はそもそも事実の認識として間違っている、と指摘する。

あらゆる個人は個人化の過程を通じて現れる。どんな人も生まれながらにして個人ではない。もし人が時間をかけて個人になるとすれば、その人はその過程の中で、依存の根本的諸条件から逃れることはない。その条件を、時間によって逃れることはできない。現在の政治的見地に関係なく、私たちは皆、根本的な依存状態の中に生まれてきた。成人してからその状況を振り返ると、私たちは恐らく少しばかり侮辱や警戒心を抱くかもしれず、あるいは恐らくその考えを退けるかもしれない。恐らく、個人的自己充足の意識が強い人にとっては、自力で食事ができず、自立できない時期があったという事実は、確かに不快なことかもしれない。しかしながら、私が言いたいのは、実際には誰も自立していないし、厳密に言えば、誰も自力で食事をしているわけではない、ということだ。[1]

すなわち人間は誰しも、自分が置かれている環境に依存しているのであり、本当の意味で個人として生きている人間など、一人として存在しない。

たとえば私たちは子どもとしてこの世界に生まれてくる。子どもは一人では生きていけない。そして、そのように周囲に依存していること自体は、大人になった後も変わらない。バトラーによれば、「誰も自力で食事をしているわけではない」。私たちが食事をするためには、食材を生産する人がいて、料理をするための道具を製作する人がいなければならないからである。

ただし、こうした依存は一方的ではない。食材を生産する人も、料理道具を製作する人も、食事をする人がいなければ、自分の仕事をできないだろう。「私」の食事のために犠牲となる生命も、たとえ非常に間接的な仕方であったとしても、やはり「私」の存在によって条件づけられているだろう。「私」が他者に依存しているのと同様に、他者もまた「私」に依存しているのだ。

このように考えるなら、私たちはすべての人々と相互依存の関係を結んでいる、ということになるだろう。そうであるとしたら、「自己」とそれ以外を区別することは、そもそも不合理な発想である。なぜなら、自己は自己以外の人々に依存しているのだから、自己以外の人々を傷つけること、あるいは殺すことは、自己を何ものにも依存できない状況へと追い込み、結果的に自己自身を傷つけることになってしまうからだ。私たちは、誰もが、他者に依存している。他者を失ってしまったら、自分自身の存在もまた、危うくなってしまう。それが人間の傷つきやすさなのである。バトラーは次のように説明している。

私たちは、決して単純に傷つきやすいのではなく、常に状況、人、社会構造、すなわち、自らが依存する何か、自らが曝《さら》される何らかの対象に対して傷つきやすいのである。恐らく私たちは、自らの生を可能にしている環境や社会構造に対して傷つきやすいのであり、その構造が弱体化すると、私たちも弱体化する。依存することは、傷つきやすさを意味する。つまり人は、自らが依存する社会構造に対して傷つきやすいのであり、その構造が破綻すると、不安定な状態に曝される のだ。もしそうだとすれば、それは私やあなたの傷つきやすさのことではなく、私たちを相互に結び付け、大きな構造や制度——私たちが生の維持のために依存する——に結び付けている関係の特徴である。傷つきやすさは、依存とまったく同じものではない。私は生きるために誰かに、何かに、あるいは何らかの条件に依存している。しかし、その人が姿を消したり、その対象が撤収されたり、社会制度が崩壊したりすると、私は、生存不可能な形で剝奪され、遺棄され、あるいは曝されやすくなる。傷つきやすさを関係として理解することでわかるのは、私たちは生を可能または不可能にする条件から完全に切り離すことのできない存在である、ということだ。[2]

依存は、常に、何かに対する依存である。しかし、「私」が何かに依存しているとき、その何かは、「私」自身ではありえない。したがってその何かは、ある日、何かの拍子になくなったり、奪われたりすることが起こりうる。そのとき「私」は、その何かを頼ることで成り立っていた生活の安定性を失い、危機に陥ることになる。

何かに依存しているということは、常にそうした危機の可能性に晒され続けている、ということである。私たちの生活の安定性は決して確約されていない。私たちはいつでもすべてを失うことがありうる。生きるということは、そうしたことなのだ。だからこそ人間は本質的に傷つきやすい存在なのである。

哀悼可能性

人間は相互に依存している。それに対して、自己防衛のための暴力の正当化は、自己と他者を切り離す差別に基づいている。それは、言い換えるなら、傷つけられてはならないものと、傷つけられても構わないものを、切断する態度である。しかしそれは、人間の基本的なあり方としての傷つきやすさと、整合しない。むしろ「私」は、自分が依存しているすべてのものを、自分自身に対するのと同様に、尊重するべきだろう。

バトラーはそうした尊重を、「哀悼可能性」という概念によって説明する。それは、ある人が死んだとき、その人が哀悼されるに値するか、という性質だ。もしもその死が多くの人に悲しまれ、葬式が営まれ、弔われるなら、その人は哀悼可能性を持っている。それに対して、もしもその死に対して誰もが無関心であり、葬式が行われず、簡単にこの世界から忘れられてしまうなら、その人は哀悼可能性を持っていない、ということになる。

哀悼可能性は、決して、すでに死んだ人だけが持つ性質ではない。それはむしろ、いま生きている人に対して、「もしもこの人が死んだら、この人は哀悼されるだろうか」という推測によっても判断される。そして、バトラーによれば、哀悼可能性を持つ人には配慮される価値があり、それを持たない人にはそうした価値もない、と考えられる。

自己防衛のための暴力が正当化されるとき、私たちは、自分が暴力を振るおうとする相手に対して、哀悼可能性を認めない。つまり相手が死んでも弔われるに値しない、相手がこの世界から消えてしまってもどうでもよい、と考えるのである。しかし、前述の通り、そうした発想は差別に基づいている。バトラーは次のように述べる。

私たちは、誰の生が守るに値する「自己」であるのか、つまり自己防衛にふさわしい対象であるのかと問うとき、ある生を他の生より生存可能で哀悼可能なものとして確立する不平等の諸形式が蔓延していることを認識しなければ、この問いは意味をなさない。それら諸形式は特定の枠組みの中でこの不平等を確立するのだが、この不平等は歴史的なものであり、競合する数々の枠組みによって異議を申し立てられている。それは、どんな生の本質的価値についても何も語っていない。[3]

私たちが他者に暴力を振るってよいか否かを考えるとき、あるいは他者を暴力から守るべきかどうかを考えるとき、その都度、もしもその他者が死んだら私たちは哀悼するべきか否かを判断している。もしも哀悼するべきであるなら、他者に暴力を振るうことはできないし、そうした暴力から他者を守らなければならない。それに対して、もしも哀悼する必要がないなら、私たちがそうした他者に暴力を振るってはならない理由はないし、またそうした暴力から他者を守らなければならないわけでもない。

バトラーは、哀悼可能性が認められなかった人々として、シリア難民危機に際してトルコからヨーロッパに渡ろうとし、地中海で難破して溺死した、大量の難民たちを挙げる。その難民たちは、命の危機に晒されているにもかかわらず、誰からも救いの手を差し伸べられず、極めて危険な亡命に挑まざるをえなかった。それは難民たちが、自分を守る力を持つ人々から、つまり亡命を受け入れるべきヨーロッパの人々から、哀悼可能なものと見なされていなかったからである。残酷な言い方をすれば、別に死んでも構わない存在として扱われていたからである。

しかし、哀悼可能性を持つ人と持たない人の差異、言い換えるなら、傷つけられてはならない人と、傷つけられても構わない人との差異は、「歴史的」に形成された「枠組み」に基づく「不平等」である。そうした不平等な枠組みに基づいて、「誰の生が守るに値するのか」を考量すること自体が、すでに不正なのだ。たとえばシリア難民危機において、難民たちはヨーロッパの人々の「枠組み」のなかで哀悼可能性を認められなかったが、しかしそれは、難民たちの生に何の「本質的価値」もなかった、ということには、当然ならないのである。

では、ある人間が哀悼されうるか否かを判断する、客観的な根拠など存在するのだろうか。「こういう理由でこの人は哀悼されるべきであり、こういう理由でこの人は哀悼される必要がない」と言えるような、明確な理由は存在するのだろうか。

バトラーによれば、そうした理由はそもそもない。ある人間を哀悼可能と見なし、ある人を哀悼不可能と見なす、その区別を正当化できる根拠は存在しない。だからそうした区別は常に「不平等」なのであり、差別であり、「異議申し立て」を受けうるものなのだ。

平等の肯定

本書はこれまで、傷つきやすい他者に出会ったとき、「私」にはその他者を守る責任が生じる、と主張してきた。しかし、バトラーの議論を前提にするなら、ここには一つの暗黙の前提が潜んでいたことになる。すなわち、「私」は他者に対する責任を引き受けるのに先立って、その他者に哀悼可能性を認める、ということである。

しかし、そうした哀悼可能性の認知は、常に差別に陥る可能性を有している。私たちは、自分でも気づかないうちに、守られるべき傷つきやすい他者と、傷ついても構わない他者を区別してしまう。後者に該当すると見なされた他者に対しては、責任を感じられなくなってしまう。しかしその線引きは差別である。この世界に哀悼可能性を持たない人間など存在しない。そうである以上、自分自身が暗黙のうちに前提としているこの差別を疑わない限り、私たちは、弱い責任を不正な形で引き受け、暴力に加担する危険性に晒されることになる。

もしも「私」が自分に対して哀悼可能性を認めるなら、その論理的な帰結として、「私」はすべての人間に対して、いやそれどころか、すべての生命に対して哀悼可能性を認めるべきである。なぜなら人間は、誰もが、相互に依存しているからである。バトラーによれば、このように、相互依存を人間の基本的な条件と見なすとき、私たちは互いに同じように価値を認め合うことを、つまり平等を肯定せざるをえなくなる。

平等を肯定することは、相互依存——それは身体の個人的境界から縁《エッジ》を取り除く、あるいは、その縁《エッジ》をその社会的、政治的潜勢力のために機能させる——によって部分的に定義される共生を肯定することなのである。[4]

したがって、人間の相互依存を前提にするとき、私たちは、哀悼可能性をめぐる不平等を、平等な状態へと変えていかなければならない。つまり、それまでは死んでも構わない、傷ついても構わないと思っていた相手を、もしも死なれたら哀しまれるべき存在として、その傷つきやすさを気遣われるべき存在として、認知を改めなければならないのだ。

しかし、そうであるとしたら、そもそもなぜ、私たちは他者を差別してしまうのだろうか。人間が相互依存する存在であり、そして平等に哀悼可能であるということが事実だとしたら、むしろそれを否定する差別は、いったいどこから立ち現れてくるのだろうか。

バトラーによれば、そうした差別は、私たちが勝手に思い描くイメージに、つまり想像に基づいている。彼女が挙げている例で考えてみよう。無防備な有色人種を射殺する白人警官は、「有色人種は常に悪意を持っており、隙あらば凶悪犯罪をする」という想像をする。そして、そのイメージに目の前の被疑者を当てはめるのである。だからこそ、被疑者が少しでも不審な動きをすれば、ただちに射殺することができてしまう。しかし、「有色人種は常に悪意を持っており、隙あらば凶悪犯罪をする」ということは、一つのイメージに過ぎない。そしてそれが、有色人種を哀悼可能なものとして捉えることを、不可能にするのである。

バトラーはこうしたイメージを「幻像」と呼ぶ。差別は幻想に基づいて引き起こされる。しかし、だからといって彼女は、こうした幻想をすべて消し去るべきだ、と考えているわけではない。端的に、そもそもそれは不可能だ。なぜなら私たちは、自分たちが生きている世界を、多かれ少なかれ、こうした幻想によって秩序づけ、構成しているからである。

むしろ、差別を平等へと変えていくために必要なのは、私たちがどうあっても幻想を必要とすることを前提とした上で、そうした幻想を少しでも平等なものへと変えていくことである。すなわち、今までは傷ついても構わないと思っていた人に対して、その背景にある幻想を修正し、その人は傷つけられるべきではない、という認知を成立させることなのだ。

ただし、それは容易なことではない。バトラーは次のように述べる。

> 迫り来るニヒリズムを前にして、《幻像《ファンタスマゴリア》》の諸形式——それは、ある者たちが攻撃していないときに、あるいはむしろ攻撃されているときに、「攻撃している」と考える——を明るみに出すためには、批判的忍耐が要求される。[5]

幻想の修正——それは言い換えるなら、今までは、暴力を振るわれても構わないほど危険だと思われていた他者に対して、実はその他者はそれほど危険ではないのではないか、したがって私たちがその他者に暴力を振るうことは許されないのではないか、と認知を改めることである。そのためには「批判的忍耐」が必要である。しかし、そうした忍耐を発揮できなければ、私たちは自分が他者へと不正に暴力を加える可能性から、免れることができない。もしも私たちが、人間の基本的な条件としての相互依存を受け入れ、それに基づいて他者と共生しようとするなら、そうした忍耐を避けることはできないのである。

父権主義を超えて

人間は誰もが傷つきやすさを抱えている。この世界に、傷ついても構わない人間、死んでも構わないような人間は、一人として存在しない。だからこそ私たちは、自分に植え付けられた幻想を、暴力を正当化する差別を、是正していかなければならない。バトラーはそう訴える。

このことは、傷つきやすい他者への責任が引き受けられるとき、当事者間の関係がどうあるべきか、ということについても、再考を迫る。第四章で述べたように、ヨナスは責任の主体と対象の関係を、強者と弱者の関係として捉えた。それは、さしあたり強者が弱者を守る関係である。しかし、それは一歩間違えば、強者によって弱者が支配されること、強者が弱者を自分の思い通りにコントロールする事態をも、引き起こしうる。たとえば親による子どもへの虐待は、その典型だろう。

バトラーはこのような責任の主体と対象の関係を「父権主義」と呼ぶ。父権主義において、傷つきやすさを抱えているのは責任の対象だけであるかのように捉えられる。しかし、それは本当に正しいのだろうか。彼女は次のように問いかける。

「私たち」は本当に、私たちが保護＝保存しようとする「他の」諸々の生から分離可能なのだろうか。もしこの問題を解決しようとする「私たち」が存在するなら、そしてそのとき、私たちの熟慮の受取人である「他者たち」が存在するとすれば、私たちは、ほぼ間違いなく父権主義的な、次のようなある種の分割を引き受けるのだろうか。すなわち、生を保護＝保存する力を持つ――あるいは、そうした力を付与された――人々（あるいは、私たちの中で、私たちの生を既に保護＝保存しようとする力を持つ人々）と、その生が保護＝保存されない危険に曝されている人々――すなわち、その生が熟慮あるいは怠慢によるある種の暴力によって危険に曝されており、その生存がある種の対抗力によってのみ確保され得る人々との間の分割を。[6]

バトラーによれば、父権主義は、「生を保護＝保存する力」を持つ人々と、「その生が保護＝保存されない危険に曝されている人々」とを「分割」する。つまりそれが、本書の言葉で言い換えるなら、責任の主体と対象の間に引かれる分割線である。そうした線を設けることは許されるのだろうか。

彼女の答えは、もちろん、否である。なぜなら、前述の通り、この世界に生きているすべての人間は、相互に依存しているからである。責任の主体もまた、ある意味では、責任の対象に依存しているからである。相手を守る力を持つ人間も、傷つきやすく、弱く、他者に委ねられているのである。

したがって責任における主体と対象の関係は、決して、完全なる非相互的な力関係に基づくものではない。たしかにそこにある種の非対称性はあるだろう。親と子どもの力が等しいわけはないだろう。しかし、両者の間にはやはり相互性があるのである。

親は全能ではない。自分の判断で子どもを支配してもいいわけではない。親もまた、子どもがそうであるのと同様に、他者を頼らなければ生きていくことのできない存在なのである。

「弱い責任」への制約

バトラーの思想は、ヨナスとキテイに対して、あるいは本書が提唱する弱い責任の概念に対して、ある種の制約を課すものとして機能する。

ヨナスは、責任を強者と弱者の関係として捉えたが、それはただちに、父権主義へと陥る危険性に直面する。もちろん、第四章において述べたように、ヨナス自身は責任の主体が対象を支配する事態を批判していたが、それは彼にとって補足的な問題に過ぎなかった。バトラーはその問題をより重要視しているのである。

同時に彼女は、ケアの倫理に対しても、一定の距離感を表明している。ケアの倫理において、依存労働者である「私」は、自分に依存する他者に対して一方的にケアをする。キテイが述べたように、他者をケアする「私」もまた、誰かにケアされなければばならない。しかし、少なくとも「私」は、自分がケアしている相手からは、ケアを期待することができない。この意味において、ケアの主体と対象もまた、一方向的な関係性として捉えられている。

ここに起きているのは、ただひたすらケアする主体と、ただひたすらケアされる対象の、決定的な分割である。そしてこの分割は――ケアの倫理の論客はそれを断固として拒絶するだろうが――父権主義へと陥っていく危険性を含んでいるのだ。バトラーは次のように述べる。

もし私たちが、例えば「ケア」の倫理あるいは政治によって、持続する葛藤なき人間の心的傾向《ディスポジション》がフェミニズムにとっての政治的枠組みをもたらし得るし、もたらすべきだ、ということを意味するとすれば、そのとき私たちが参入したことになるのは、私たち自身の攻撃性はその説明から削除され、他者たちに投影されてしまう、という分岐的現実である。[7]

ケアの倫理を全面的に信頼するとき、私たちは自分をただケアする主体としてだけ捉え、「私たち自身の攻撃性」に目を塞いでしまう。攻撃性を持っているのは、ケアの倫理の外部にある倫理理論——たとえば自己責任論——の論客であり、ケアの倫理の支持者に、そんな攻撃性を持つ人間はいない、と思い込んでしまう。そのとき私たちは、自分が決して他者を攻撃することはない、という幻想に、言い換えるならそうした「分岐的現実」に入り込んでしまう。

バトラーが警戒するのは、まさにこのようにして、自分自身の攻撃性を見失うことである。私たちは、確かに、傷つきやすい他者に対して責任を引き受ける。しかし、そのように責任を引き受けながら、同時にその力が、その他者を傷つけるために行使されることもまた起こりうるのだ。心の底から自分の子どもを愛する親が、子どもを様々な危険性から守りながらも、同時にその子どもを虐待しうるように。

私たちは、相手が誰であれ、あるとき、ある条件が重なると、「この人は傷ついても仕方ない」と思う。しかしそれは差別であり、不正であり、暴力なのだ。そして私たちはその暴力に知らず知らずのうちに加担してしまう。弱い責任もまたその危険性から免れているわけではない。

だからこそ、私たちは、自分の攻撃性を深く自覚し、その前提となっている幻想を修正しなければならないのだ。そしてその修正は、人間は誰もが傷つきやすく、他者を頼らなければ生きていることができず、「私」もまたその例外ではないということ、そしてすべての人間が哀悼可能性を持ち、この世界に死んでもよい人間、傷ついてもよい人間は一人として存在しないという事実に、基づいていなければならないのだ。

---

1 ジュディス・バトラー『非暴力の力』佐藤嘉幸他訳、青土社、二〇二二年、四八頁
2 前掲書、五二―五三頁
3 前掲書、二六頁
4 前掲書、一五五頁
5 前掲書、一五二頁
6 前掲書、七六頁
7 前掲書、一九二頁

おわりに

本書は、私たちの社会で蔓延する「強い責任」に対して、「弱い責任」を対置し、その可能性を検討してきた。あらためて、その内容を振り返っておこう。

強い責任は、他者を頼ることなく自律的に生きることのできる、「強い」主体を前提とする責任概念である。この概念において重視されるのは、責任の主体が誰であるのか、つまり誰の責任なのか、ということだ。

強い責任の典型は自己責任論である。この言説は、一九八〇年代以降、新自由主義の浸透とともに日本社会に普及してきた。新自由主義は国家による社会保障を縮小するが、自己責任論は、そうした政策を規範的に正当化する。それによって、社会のなかで「責任のある者」と「責任のない者」は分断され、人々は孤立した状態に置かれることになる。

しかし、こうした孤立化は、人々が自らに課せられた責任について省察《せいさつ》することを妨げる。なぜなら、アーレントが指摘するように、私たちは他者との健全な関係性を持たなければ、十分に物事を思考することができないからだ。だからこそ、自己責任をプロパガンダに利用しながら、秘密警察によって人々を孤立化させたナチスドイツでは、大衆が国家による虐殺へと加担した。この意味において、強い責任は、自分の行為の道徳的な正しさを思考することから、かえって人間を遠ざけることにもなりうる。

同時に、強い責任の基礎となるロジックは、理論的問題を抱えてもいる。強い責任において、人間は自らの意志で引き起こしたことに対して責任を要求される。しかし、そもそもそうした意志は、事後遡及的に捏造されたものである可能性がある。國分によれば、人間の行為のほとんどは中動態として理解されうるものであり、意志の概念を素朴に受け止めることはできない。この問題が解決されない限り、強い意志が果たして本当に理論的に正しいか否かは、不明であると見なさざるをえない。

それに対して、ヨナスはこれとまったく異なる発想で、責任概念を基礎づけた。彼は、目の前の傷つきやすい他者に対して、その他者を守る力を持つ者が引き受ける気遣いとして、責任を説明した。そこで重視されるのは、誰に責任があるのか、ということではなく、誰に対して責任を負うのか、ということである。傷ついた他者が守られるのであれば、それを守るのは誰であっても構わない。こうした発想をとるとき、

「私」は、自分が引き受けている責任を、別の責任の主体に委託することができる。もっとも、そうした委託は、その他者を守れる者が、「私」以外にも存在しなければ、成立しない。したがって「私」は、傷ついた他者に対する責任だけではなく、その責任を誰かに委託できる状況を維持することへの責任も、負っている。ヨナスは、この後者の責任を存在論的命令と呼び、それがもっとも優先されるべき責任であると主張した。

本書は、こうしたヨナスの責任概念のうちに、「弱い責任」の理論的な基礎を見出した。彼の言う存在論的命令は、責任の主体が存在しうることへの責任として、説明できる。それは社会のなかで具体的にはどのように実践されるべきだろうか。キテイの思想は、その問いに対する一つの回答を与えてくれる。彼女は、ケアの主体は他のケアの主体と連帯しなければならず、そうした連帯を前提にしなければ、他者をケアすることは不可能である、と主張した。彼女はそうした連帯を、ドゥーリアという理念によって説明し、社会保障として政策的に実装されなければならない、と主張する。こうした発想を借りるなら次のように主張することができるだろう。強い責任は社会保障を否定する。しかし弱い責任は、むしろ社会保障を前提にしなければ成立しないのである。

それでは、私たちは弱い責任を引き受けるとき、いったい誰を責任の対象とするべきなのだろうか。ヨナスによれば、それは傷つきやすさを抱えた他者である。では、傷つきやすさを抱えた他者とは、誰のことだろうか。バトラーによれば、それはすべての人間である。しかし、そうであるにもかかわらず、私たちはいつの間にか、「傷ついてはいけない者」と「傷つけても構わない者」を、想像のなかで区別してしまう。それによって、傷つけても構わない者に対して責任を感じなくなり、それどころかそうした人に対する暴力に加担してしまう。しかしそれは差別である。そうした差別から距離を取るために、私たちは常に自分のイメージを拡張し、この世界に傷ついても構わない人間など、一人もいないという事実と向かい合わなければならない。

ヨナス、キテイ、バトラーは次の点で認識を共有している。それは、たとえ責任の主体であったとしても、人間は傷つきやすく、弱く、他者を頼らざるをえない存在である、ということである。だからこそ私たちは、責任の主体であるために、他者と連帯しなければならない。それは自分の責任を放棄することではない。そうした形でしか、責任は果たされえないのである。

まとめよう。弱い責任とは、自分自身も傷つきやすさを抱えた「弱い」主体が、連帯しながら、他者の傷つきやすさを想像し、それを気遣うことである。そうした責任を果たすために、私たちは誰かを、何かを頼らざるをえない。責任を果たすことと、頼ることは、完全に両立する。それが本書の主張である。

では、実際に「私」が他者に対して弱い責任を引き受けるとき、「私」は他者に対して、具体的にはどのような態度を取るべきなのだろうか。もちろん、そうした態度は多様であり、そこに画一的な規範はないだろう。しかし、弱い責任の構造を前提にすれば、そこにある種の指針を見出すことはできそうだ。最後に、それを示唆することによって、本書を終えることにしたい。

他者を保護するとき、「私」には、その他者をたった一人で守ることができず、その責任を誰かに引き継がなければならない。他者はいつか「私」から離れていく。その他者とずっと一緒にいることはできない。弱い責任の時間性は、そうした人間関係の暫定性を構造的に含んでいる。

しかし、「私」が他者とずっと一緒にいられない、という事実は、それ自体が、他者にとっては脅威だろう。いまは自分を守ってくれる「私」がいても、いつか、「私」はいなくなってしまうかも知れない、それによって自分は見捨てられ、誰からも守ってもらえないかも知れない——そうした不安がいかに恐ろしいものであるかは、想像に難くない。だからこそ、その不安をどのようにコントロールするのか、ということが、弱い責任において、「私」が他者に対して取るべき態度の、中心的な問題になるに違いない。

このような観点から考えるとき、筆者は、そうした態度は少なくとも次の二つの要素を含むべきだと考えている。すなわちそれは、「保証」と「信頼」である。

保証とは、「私」が他者に対して、未来においてもその他者が人間らしく生きられるだろうということを、伝えることである。たとえば、「まぁ大丈夫だよ」と語りかけることだ。当然のことながら、「私」はそれを客観的な事実として予言するのではない。そんな予言はそもそも不可能だ。しかし、未来が恐るべき不安として立ち現れるとき、その不安そのものが、他者にとっては脅威になる。そうした脅威を取り除くために、あえて、未来を保証することが必要なのである。

もっともこうした保証は、「私」が他者を支配することを意味するものではないし、そうであってはならない。むしろ「私」は、他者がそうした未来を生き抜き、そこで自分らしさを開花させることができる、ということを、信じることができなければならない。それが、弱い責任が取るべき第二の態度としての、信頼である。そのように信頼されることで、他者は、自分が「私」から守られているのだとしても、自分自身に主体性が存在することを確信し、またそれを尊重されていると感じることができる。

こうした態度は、強い責任からは導き出すことができない。たとえば、他者が未来の不安に脅かされているとき、強い責任の観点からは保証と信頼について次のような思考が展開されるだろう。「もしも私が他者の未来を保証して、あるいは他者を信頼して、その私の言うことを信じた他者が、未来において大きな失敗をしたら、私はその責任をどうとったらよいのだろう」。

このように考える限り、「私」は可能な限り他者の未来を保証せず、また信頼もしないことになるだろう。他者について何かを語ること、何らかの態度を表明することに対して、抑制的になるだろう。しかしそのとき、私たちが関心を払っているのは、他者の傷つきやすさではなく、「自分自身が非難されないこと」でしかない。

だからといって、弱い責任を実践するために、他者の未来についてただいい加減なことを言えばよい、ということではない。もちろん未来は予測不可能である。しかし、「私」には、その未来へ向けて、他者への責任を引き継いでいくことができる。他者を守ることができるのは、「私」だけではない。「私」の周りにいる大人たちや、共同体や社会制度が、「私」とともにその他者に対して責任を負いうるのだ。

だからこそ、保証と信頼が正当化されるのは、その他者を「私」の代わりに守ることができる状況を維持する責任を、「私」が負うときであろう。そのようにして、弱い責任は、責任を「私」と他者の閉ざされた二者関係から、多様な人々の介在する社会的関係へと開くのである。

自己責任論が蔓延する現代社会において、私たちは、未来をリスクに満ちたものだと見なしている。もちろんそれは事実だろう。しかし、そのようにリスクばかりを前景化することは、傷つきやすさを抱えた他者を、特に子どもたちを、ただいたずらに脅かし、その可能性をかえって閉塞させることになるのではないだろうか。それに対して、弱い責任における保証と信頼の実践は、そうした脅威を和らげ、子どもたちの可能性を開くものとして機能するのではないだろうか。

どんな未来が待ち受けているのだとしても、「私」は大丈夫であり、その未来を生き抜くことができる――そう子どもたちが信じられる世界を維持することが、大人の責任である。そしてその責任は、責任の主体同士の連帯によって、大人たちが互いに連携し、互いを頼り合うことによって、はじめて成立するのである。

講談社現代新書　2751

生《い》きることは頼《たよ》ること　「自己責任《じこせきにん》」から「弱《よわ》い責任《せきにん》」へ

二〇二四年八月二〇日第一刷発行

著者　戸《と》谷《や》洋志《ひろし》

発行者　森田浩章
発行所　株式会社講談社
東京都文京区音羽二丁目一二―二一　郵便番号一一二―八〇〇一
電話　〇三―五三九五―三五二一　編集（現代新書）
〇三―五三九五―四四一五　販売
〇三―五三九五―三六一五　業務
装幀者　中島英樹／中島デザイン
印刷所　株式会社ＫＰＳプロダクツ
製本所　株式会社国宝社
定価はカバーに表示してあります　Printed in Japan

N.D.C.100　202p　18cm
ISBN978-4-06-536989-0

「講談社現代新書」の刊行にあたって

教養は万人が身をもって養い創造すべきものであって、一部の専門家の占有物として、ただ一方的に人々の手もとに配布され伝達されうるものではありません。

しかし、不幸にしてわが国の現状では、教養の重要な養いとなるべき書物は、ほとんど講壇からの天下りや単なる解説に終始し、知識技術を真剣に希求する青少年・学生・一般民衆の根本的な疑問や興味は、けっして十分に答えられ、解きほぐされ、手引きされることがありません。万人の内奥から発した真正の教養への芽ばえが、こうして放置され、むなしく滅びさる運命にゆだねられているのです。

このことは、中・高校だけで教育をおわる人々の成長をはばんでいるだけでなく、大学に進んだり、インテリと目されたりする人々の精神力の健康さえもむしばみ、わが国の文化の実質をまことに脆弱なものにしています。単なる博識以上の根強い思索力・判断力、および確かな技術にささえられた教養を必要とする日本の将来にとって、これは真剣に憂慮されなければならない事態であるといわなければなりません。

わたしたちの「講談社現代新書」は、この事態の克服を意図して計画されたものです。これによってわたしたちは、講壇からの天下りでもなく、単なる解説書でもない、もっぱら万人の魂に生ずる初発的かつ根本的な問題をとらえ、掘り起こし、手引きし、しかも最新の知識への展望を万人に確立させる書物を、新しく世の中に送り出したいと念願しています。

わたしたちは、創業以来民衆を対象とする啓蒙の仕事に専心してきた講談社にとって、これこそもっともふさわしい課題であり、伝統ある出版社としての義務でもあると考えているのです。

一九六四年四月　野間省一

哲学・思想Ⅰ

Ⓐ

哲学・思想Ⅱ

宗教

Ⓒ

心理・精神医学

331 異常の構造——木村敏
590 家族関係を考える——河合隼雄
725 リーダーシップの心理学——国分康孝
824 森田療法——岩井寛
1011 自己変革の心理学——伊藤順康
1020 アイデンティティの心理学 鑪幹八郎
1044 〈自己発見〉の心理学 国分康孝
1241 心のメッセージを聴く 池見陽
1289 軽症うつ病——笠原嘉
1348 自殺の心理学——高橋祥友
1372 〈むなしさ〉の心理学 諸富祥彦
1376 子どものトラウマ——西澤哲
1465 トランスパーソナル心理学入門——諸富祥彦
1787 人生に意味はあるか 諸富祥彦
1827 他人を見下す若者たち 速水敏彦
1922 発達障害の子どもたち——杉山登志郎
1962 親子という病——香山リカ
1984 いじめの構造——内藤朝雄
2008 関係する女 所有する男——斎藤環
2030 がんを生きる——佐々木常雄
2044 母親はなぜ生きづらいか——香山リカ
2062 人間関係のレッスン 向後善之
2076 子ども虐待——西澤哲
2085 言葉と脳と心——山鳥重
2105 はじめての認知療法——大野裕
2116 発達障害のいま——杉山登志郎
2119 動きが心をつくる——春木豊
2143 アサーション入門——平木典子
2180 パーソナリティ障害とは何か——牛島定信
2231 精神医療ダークサイド 佐藤光展
2344 ヒトの本性——川合伸幸
2347 信頼学の教室——中谷内一也
2349 「脳疲労」社会——徳永雄一郎
2385 はじめての森田療法 北西憲二
2415 新版 うつ病をなおす 野村総一郎
2444 怒りを鎮める うまく謝る 川合伸幸